平凡中的力量

北京榜样主题活动五周年
人 物 风 采 录

中共北京市委宣传部
首都精神文明建设委员会办公室

人民出版社

《平凡中的力量——北京榜样主题活动五周年人物风采录》

编写组

特约编辑 （按姓氏笔画排序）

王秀林 孙 旭 孙毅刚 杜维伟 沈 悦 张 程

张新建 苗玲玲 林郁毅 林春富 赵升云 夏 青

曹志铜 章 培

创意策划 北京艺品联盟文化传媒有限公司

代序一

中宣部授予“北京榜样”优秀群体“时代楷模”称号

（2019年2月20日）

为深入推进社会主义核心价值观建设，自2014年以来，北京市持续开展北京榜样学习宣传活动，推出了一大批立得住、叫得响、传得开的榜样人物。北京榜样优秀群体，就是这些人物中事迹厚重、影响较大的50位年榜荣誉获得者。他们有的勇攀科技高峰，致力关键核心技术自主创新，在重大科技领域实现原创性突破；有的扎根城乡基层，服务一方百姓，办了许多暖民心、解民忧的好事实事；有的身残志坚，以永不言弃的精神拼搏奋斗，在人生的赛场上取得了骄人成绩；有的见义勇为，危急时刻挺身而出，用大无畏的行动保护了国家和他人生命财产安全；有的热心社会公益，积极参加岗位学雷锋和志愿服务，用爱和奉献帮助了群众、温暖了京城。这些源自基层、植根平凡、充满正能量的榜样人物，用实际行动深刻诠释了习近平总书记提出的首都市民“热情开朗、大气开放、积极向上、乐于助人”的优秀品质，生动展示了社会主义核心价值观建设的实际成效。

近一段时间以来，北京榜样优秀群体的先进事迹宣传报道后，在社会上引起热烈反响。广大干部群众认为，北京榜样优秀群体是新时代奋斗者的杰出代表，是美好幸福生活的创造者、守护者。他们在平凡的工作岗位上、普通的日常生活里，默默无闻地引领着新时代社会文明风尚，谱写了伟大的时代赞歌。许多北京市民表示，要向北京榜样优秀群体学习，胸怀大局、无私奉献，积极向上、助人为乐，以平凡的力量筑梦京华，为建设国际一流的和谐宜居之都、建设具有良好社会风气和道德风尚的文明城市，贡献自己的力量。

代序二

中共北京市委关于开展向“北京榜样”优秀群体学习活动的决定

（2018 年 11 月 8 日）

为了深入推进社会主义核心价值观建设，自 2014 年以来，全市持续开展“北京榜样”主题活动，各区、各部门、各单位坚持从社区、村和基层单位做起，层层选树、层层张榜、层层宣传身边榜样，宣传树立了一大批立得住、叫得响、传得开的榜样人物。这些源自基层、植于平凡、凝聚正能量的“北京榜样”，用实际行动对习近平总书记称赞首都市民“热情开朗、大气开放、积极向上、助人为乐”的优秀品质，作出了生动诠释。他们是新时代首都弘扬和践行社会主义核心价值观的先进群体，在平凡的工作岗位上、普通的日常生活里，默默无闻地发挥着美好生活建设者、创新时代领跑者、社会和谐维护者、优秀文化传承者的作用，引领着新时代社会文明风尚，谱写着伟大的时代精神。

为大力弘扬时代新风，培育时代新人，持续建设社会风气和道德风尚最好的城市，市委决定，在全市广泛开展向“北京榜样”优秀群体学习活动。

向“北京榜样”学习，就是要学习他们身上体现的首都市民优秀品质，时刻牢记首都无小事，做到胸怀大局、无私奉献，每逢首都北京举行大事盛事，总是满怀热情、积极参与，以实际行动参与营造热烈祥和、文明和谐的社会氛围，展示大国首都形象。

向“北京榜样”学习，就是要学习他们以执着的坚持、坚定、坚毅，自觉承担起单位、社会和家庭责任，做到助人为乐、见义勇为、诚实守信、敬业奉献、孝老爱亲、勤俭节约、热心公益、自强不息，把日常最平常的“小事儿”做成感动社会的善举，共同推动“善满京城”，为这座城市聚集向上向善的强大力量。

向“北京榜样”学习，就是要学习他们着力涵养“拼搏为美”的奋斗品质，为了首都更加美好的明天，撸起袖子加油干，把奋斗精神融于岗位、融于日常、融于人生。积极参加“周末卫生大扫除”“礼让斑马线”“门前三包”“蓝天行动”“回天有我”等社会服务活动，为有序疏解非首都功能、高水平建设城市副中心、推动京津冀协同发展，建设首都更加美好的明天贡献智慧和力量。

向“北京榜样”学习，就是要学习他们积极弘扬中华优秀传统文化，自觉当好中华优秀传统文化的传承者，为推进全国文化中心建设献策献力，推动优秀传统文化活起来、传下去。继续发扬中华民族优秀传统美德，立足家庭、立足学校、立足社会，热心参与“我们的节日”等文化活动，推动中华传统美德在全社会特别是广大青少年心中落地生根、开花结果。

各区、各部门、各单位要全面贯彻习近平新时代中国特色社会主义思想和党的十九大精神，深入贯彻落实习近平总书记对北京重要讲话精神，培养担当民族复兴大任的时代新人，开展向“北京榜样”优秀群体学习活动，自觉承担起举旗帜、聚民心、育新人、兴文化、展形象的使命任务，推动形成全市干部群众“学榜样　我行动”活动的思想自觉、行动自觉，继续弘扬和践行社会主义核心价值观，促进全市人民在理想信念、价值理念、道德观念上紧紧团结在一起，为建设国际一流的和谐宜居之都、建设社会风气和道德风尚最好的城市提供强大的精神动力和道德支撑。

目 录

2017 北京榜样十大人物

2017 北京榜样提名奖

北京榜样 2017

2017
北京榜样
十大人物

[敬业奉献]　贾利民
[敬业奉献]　高凤林
[敬业奉献]　陈　旭
[敬业奉献]　吴书瑞
[敬业奉献]　许泽玮
[敬业奉献]　潘瑞凤
[敬业奉献]　殷金凤
[热心公益]　贺玉凤
[诚实守信]　张莉华
[见义勇为]　杨　帆、赵小伟
[孝老爱亲]　王晓旌

[敬业奉献]

中国高铁自主创新的『领跑者』——贾利民

贾利民，1963 年生，北京交通大学教授。带领创新团队在国际上首次系统地提出高速列车技术谱系化的概念、技术架构和实现途径，确保了我国持续领先的地位。作为国家技术预测交通领域专家组组长，坚持轨道交通科技自主创新，为支撑国家“区域经济一体化”、“一带一路”倡议的全面实施，提供了最佳路径。

作为参与我国高铁科技创新全过程的主要战略性专家之一，贾利民教授被誉为中国高铁自主创新的“布道者”。他在轨道交通和智能交通等领域教学、科研和社会服务 25 年，牵头创建了我国高校第一个“智能运输工程”本科专业；参与组织实施的《中国高速列车自主创新联合行动计划》和《国家高速列车科技发展“十二五”重点专项》成功研制了具有世界先进水平的 CRH380 系列高速列车，确保了我国高铁技术的持续国际领先。作为中国高速铁路科技创新过程的参与者、研究者，贾利民和中国的高铁科技团队，正在以世人瞩目的速度打造出一张响当当的“中国高铁”名片。

2016 年 10 月，科技部联合香港、澳门特区政府联合举办的中国“十二五”科技创新成果展在香港、澳门成功举办。北京交通大学贾利民教授作为中国高铁领域的专家与国内顶尖科学家受邀出席并作主题演讲。包括香港《文汇报》、香港《信报》、凤凰卫视等在内的众多媒体分别以《中国高铁自主创新功臣——贾利民跨世纪火车梦》《高铁“灵魂”分享建网挑战》等题作了特别报道。

作为高铁领域的专家应邀出席由科技部、驻澳门中联办、澳门特区政府联合举办的中国“十二五”科技创新成果展并作主题演讲

贾利民教授首批当选“百千万人才工程”国家级人选，荣获茅以升铁道科技奖，获得全国优秀科技工作者及国家8部委联合授予的“2014年度十大科技创新人物”等多项奖励和荣誉称号；2015年被中宣部、国务院新闻办公室聘为“讲好中国故事文化交流使者”；获“科学中国人2015年度人物”称号。25年来，贾利民长期从事高速铁路、轨道交通和智能交通等领域人才培养、科技创新、学科建设和社会服务工作，在中国高铁自主创新道路上兢兢业业扮演着“见证人”、“规划者”、“布道者”的角色。

入选 2014 年度最具影响力的十大科技创新人物

见证中国高铁自主创新

中国在高速铁路领域真正意义上的大规模体系化自主创新，始于 2008 年由科技部与原铁道部共同发起实施的《中国高速列车自主创新联合行动计划》，并通过《国家高速列车科技发展“十二五”重点专项》得以持续。其中，贾利民担任联合行动计划总体专家组副组长和重点专项专家组组长。负责编制了《联合行动计划》和《重点专项》规划及其实施方案，设计和确定了我国高铁科技发展的技术方向、战略路径、总体架构、重点任务与核心技术指标，参与组织实施了专项各重大项目；正是在这些顶层设计和指标的指引下，我国研发出了拥有自主知识产权、享誉世界的CRH380系列高速列车；参与负责的国家科技支撑计划重大项目“智能高速列车系统关键技术研究及样车研制”成功研制了国际首套智能化高速列车系统。

贾利民教授和高铁创新团队在国际上首次系统提出了高速列车技术谱系化的概念、技术架构和实现途径，参与负责

在广州地铁集团有限公司运营事业总部指导现场试验工作

的国家“863”计划重大项目“高速列车谱系化关键技术及系列车型研制”，它适应全球多样化需求和支撑“走出去”战略的高速列车定制化设计制造一体化数字平台和系列车型；确保了我国高速列车技术国际持续领先的地位和优势。参与负责组织实施的国家科技支撑计划项目“城市轨道交通运输组织、控制及保障一体化关键技术与系统研制”和“863”计划项目“城市轨道列车在途监测与安全预警关键技术”使我国城市轨道交通网络化运营组织与主动安全保障关键技术与核心装备达到国际先进水平。

为“中国名片”无悔奉献

2016年6月3日晚，中央电视台《新闻联播》头条报道了中共中央总书记、国家主席、中央军委主席习近平等中央领导同志参观国家“十二五”科技创新成就展的消息。在6月3日上午，习近平总书记详细听取了贾利民教授关于我国高铁科技创新成就的汇报。贾利民教授向总书记汇报了我国高铁科技创新在“十二五”期间取得的成就、“十三五”的重点方向和高铁技术对“走出去”战略和“一带一路”倡议的支撑作用。

近年来，为了让高铁自主创新得到更大范围的传播、得到更多的理解，贾利民教授做了大量解读工作。如在香港参

为日内瓦国际发明展评委讲解发明专利“轨道交通列车运行安全状态在线辨识与评估预警方法及装置”

加中国“十二五”科技创新成果展期间，他做了题为“走向世界的中国高铁”的主题演讲，回顾了中国高铁科技创新和路网建设发展历程，展示了中国“八纵八横”高速铁路网规划，阐述了中国高铁发展与香港经济社会发展之间的联系。在港期间，贾利民教授还应邀赴香港理工大学做了题为“轨道交通技术发展总体趋势与‘十三五’科技创新重点任务”的学术报告，并与相关研究机构代表和科研人员进行了座谈。

在教书育人岗位，贾利民教授担任北京交通大学轨道交通控制与安全国家重点实验室的方向首席教授，也是国家轨道交通安全协同创新中心三名首席科学家之一。他和他的科研团队给学生们讲授轨道交通控制与安全、交通安全测控工程、交通运输智能自动化、智能交通系统等多门课程，培养了一批又一批学生，不少学生已经在中国的高铁领域建功立业。

如今，贾利民教授作为国家技术预测交通领域专家组组长和国家科技创新规划交通领域专家组负责人，负责组织编制《交通领域国内外技术竞争综合研究报告》和《交通领域关键技术清单和国家关键技术选择报告》以及《“十三五”交通领域科技创新规划》，为我国交通领域“十三五”科技发展奠定了坚实的基础。作为专家组组长，负责组织完成了已全面启动的“十三五”国家重点研发计划《先进轨道交通重点专项》的实施方案和指南，确保我国在轨道交通尤其是高速铁路领域持续领先的科技创新方向和重点任务，为我国轨道交通科技持续自主创新和支撑国家“区域经济一体化”、“一带一路”倡议的全面实施提供了完整的顶层设计。

贾利民教授表示，自己还会在高铁领域努力下去，“再多做点技术，再多培养些年轻人”，让中国高铁真正成为畅通世界的“名片”。他以林则徐的两句诗来表明心志：“苟利国家生死以，岂因祸福避趋之。”

[敬业奉献]

站在巅峰之上的中国技师——高凤林

高凤林，1962 年生，中共党员，中国运载火箭技术研究院首都航天机械公司发动机零部件焊接车间员工、高凤林班组组长。高凤林是航天特种熔融焊接工，为我国九十多发火箭焊接过“心脏”，占总数近四成。曾攻克“疑难杂症”二百多项，包括为 16 个国家参与的国际项目攻坚，被美国宇航局委以特派专家身份督导实施。2014 年底携三项成果参加德国纽伦堡国际发明展，三个项目全部摘得金奖。

高凤林自1980年参加工作以来，先后参与完成了我国主力运载火箭长三甲系列火箭、新一代运载火箭长征五号火箭氢氧发动机的研制。同时，他积极开展技术创新，攻克多项难题，成功解决某型号发动机推力室生产难题，突破十多年未解决的技术瓶颈。提出多层快速连续堆焊加机械导热等方法，解决长二捆运载火箭研制生产难题，保证了澳星成功发射。同时，他还大胆运用新的工艺措施，解决了国家“863”攻关项目中久攻不下的难关；在新一代运载火箭长征五号先进上面级研制中，他面对极其困难的操作环境，高空焊接，成功修复发动机内壁，避免经济损失上百万元。

作为一名航天特种熔融焊接工，我国长三甲系列运载火箭、长征五号运载火箭的第一颗“心脏”——氢氧发动机喷管，都是在他手中诞生。发展航天，火箭先行。作为一名普通航天人，高凤林几十年如一日，用勤勤恳恳的工作，助推了我国航天强国和世界科技强国建设。

勤学苦练少年成才

1970 年，我国第一颗人造地球卫星飞上太空，大街上的广播中回响着卫星传回的“东方红”乐曲，年幼的高凤林产生了疑问：卫星是怎么飞到天上去的？由此，航天在他的心中成了一个梦境。

以优异的成绩从中学毕业后，他报考了“七机部”（七机部是我国早先航天工业部门的简称）技校。从此，高凤林与航天结下了不解之缘。

要掌握过硬的焊接技术，离不开辛勤的汗水。高凤林一面虚心向师傅求教，一面勤学苦练，吃饭时拿筷子练习送焊丝动作，喝水时端着缸子练稳定性，休息时举着铁块练耐力，冒着高温观察铁水的流动规律。

20 世纪 90 年代，为长三甲系列运载火箭设计的新型大推力氢氧发动机，其大喷管的焊接一度成为研制瓶颈。大喷管的形状有点儿像牵牛花的喇叭口，延伸段由 248 根壁厚只有 0.33 毫米的细方管组成，仅一根管子的价值就相当于一台彩电，这些全部要通过工人手工焊接而成。全部焊缝长达近 900 米，管壁比一张纸还薄，焊枪多停留 0.1 秒就可能把管子烧穿或者焊漏。

在首台大喷管的焊接中，高凤林连续奋战一个多月，腰和手臂麻木了，就回家用毛巾热敷一下。第二天，他又干劲

正在焊接火箭发动机大喷管

十足地出现在工作现场。凭借着高超的技艺，高凤林攻克了烧穿和焊漏两大难关。

然而，高兴劲儿还没散去，X 光检测显示，大喷管焊缝有多达二百多处裂纹，这台大喷管面临被判“死刑”的命运。高凤林没有被吓倒，他从材料的性能、大喷管结构特点等展开分析，在众多技术专家的质疑声中大胆直言：裂纹是假的。经过剖切检验，高凤林的判断是正确的。

就此，第一台大喷管被成功送上试车台，这一新型号大推力发动机的成功应用，使我国火箭的运载能力得到大幅提升。

纷至沓来的挑战让高凤林越来越感到知识的可贵，在离开学校 8 年后，他又重新捧起课本，开始了长达 4 年的艰苦学习。为了让知识面更广，他选择了机械工艺设计与制造专业。有了知识的积累，高凤林的技术水平突飞猛进，在一次航天系统大型技术比赛中取得了实操第一名。那之后，高凤林再接再厉，完成了从大学专科到本科、再到研究生的学习。

能工巧匠妙手回春

航天事业注定与高难度相伴。20 世纪 90 年代，在为长三甲系列火箭焊接第二台氢氧发动机的关键时刻，公司唯一一台真空退火炉发生炉丝熔断，研制工作一时陷入停滞，大家都急得团团转。要想恢复设备运转，必须将炉丝重新焊接在一起。那时正值盛夏，炉内氧气本就稀薄，焊接时还要输送氩气进行焊接保护，缺氧成为致命杀手。身材瘦弱的高凤林当时因为连续攻关，正在默默忍受着胃痛的折磨。但是在这危急时刻，他主动要求钻炉抢险。同事在高凤林脚上绑上绳子，再三叮嘱他：“如果感到呼吸困难，就马上扯绳子，千万别逞强。”在漆黑一片的炉腔里，高凤林打着手电筒，忍着闷热和缺氧的窒息感，一点一点焊着……就这样，他三进三出，终于成功焊好了炉丝，真空炉又恢复了运转。

随着高凤林逐渐成为远近闻名的能工巧匠，社会上一些单位遇到解决不了的技术难题，也来向他求助。一次，我国从俄罗斯引进的一种中远程客机的发动机出现了裂纹，很多权威专家都没有办法修好，俄罗斯派来的专家更断言，只有把发动机拆下来，运回俄罗斯，或者请俄罗斯的专家来中国，才能修好。高凤林被请到了现场。俄罗斯专家看着眼前这个瘦弱的年轻人，不相信地说："你们不行，中国的专家谁也修不了！"高凤林的"虎劲儿"上来了，他通过翻译告诉俄方专家："我十分钟之内就能把它焊好！"事实证明，高凤林不是吹牛。焊完后，俄方专家反复检查后，面带微笑地对高凤林竖起了大拇指。

2007 年 9 月，就在长五型号研制的关键时刻，发动机内壁在试车时出现烧蚀。时间不等人，必须在最短的时间内排除故障。为了安全，现场只留下高凤林和助手在狭小的操作台上。操作台 10 米外是易燃易爆的大型液氢储罐；脚底下又是几十米的山涧，十分危险。相比环境的险恶，更困难的是，故障点无法观测。操作空间非常狭小，高凤林凭着多年的操作经验"盲焊"，终于在夜晚来临前成功排除了故障。

在高凤林的职业生涯中，还碰到过许多"疑难杂症"，他总能"妙手回春"，创造奇迹。

进入 2010 年以来，长征五号火箭的研制进入新的阶段。根据研制需要，产品要在模拟使用状态下的试车中接受考验。为此，长征五号发动机推力室，需要加装稳定装置。但是，装置的固定是一大难题。如果采用焊接的方法，焊接

焊接火箭发动机推力室

部位位于头部喷出火焰的地方，接头根本经受不住火焰的冲刷。

面对这一难题，国外普遍采用的是粘接技术，而且这项粘接技术对我国实行技术封锁，因此必须完全依靠自主创新来解决。时间紧迫，高凤林大胆地提出了采用低熔点氩弧钎焊的方法进行连接。接下来，如何避开冲刷的区间是要解决的关键。经过与设计人员讨论，高凤林计算出了冲刷的温度区间，确定施焊的位置，最终创造性地解决了推力室头部研制的难关，试车考核完全满足设计要求。

这一技术突破了国外技术封锁，为相关问题的解决开辟了新路，为加快长征五号火箭的研制提供了有力的保障。

技高一筹扬名海外

2006年11月底的一个晚上，诺贝尔奖得主丁肇中教授的秘书多方辗转找到高凤林，由世界16个国家和地区参与的AMS-02暗物质与反物质探测器项目，在制造中遇到了难题，希望高凤林前往解决。探测器用的是液流氦低温超导电磁装置，将搭乘美国最后一班航天飞机“奋进号”，到国际空间站执行探测任务。

在高凤林以前，已经来了国内外两拨“顶尖高手”，但因为工程难度巨大，项目实施方案一直没能得到国际联盟总部的认可。丁肇中请来高凤林。由于液流氦具有极强的渗透力，只能使用焊接的方式，但焊接带来的变形是一大难题。在论证会上，高凤林一边了解特殊结构的要求，一边紧张地思索着。听完汇报后，高凤林说：“对待这种复杂的特殊结构，必须创新设计方案。”说着，他把自己的思路和盘托出，各方专家听了纷纷点头称赞。但思路只是一个方向，要变成可操作的方案还要克服许多难关。高凤林苦思冥想了好几天，终于想到了一个创新设计方案，通过了国际联盟总部的评审，他本人也被委任以美国宇航局特派专家的身份，督导项目实施。

数十年如一日的奋斗，终于收获丰硕的果实。2014年，第66届德国纽伦堡国际发明展（IENA）召开在即。这是一

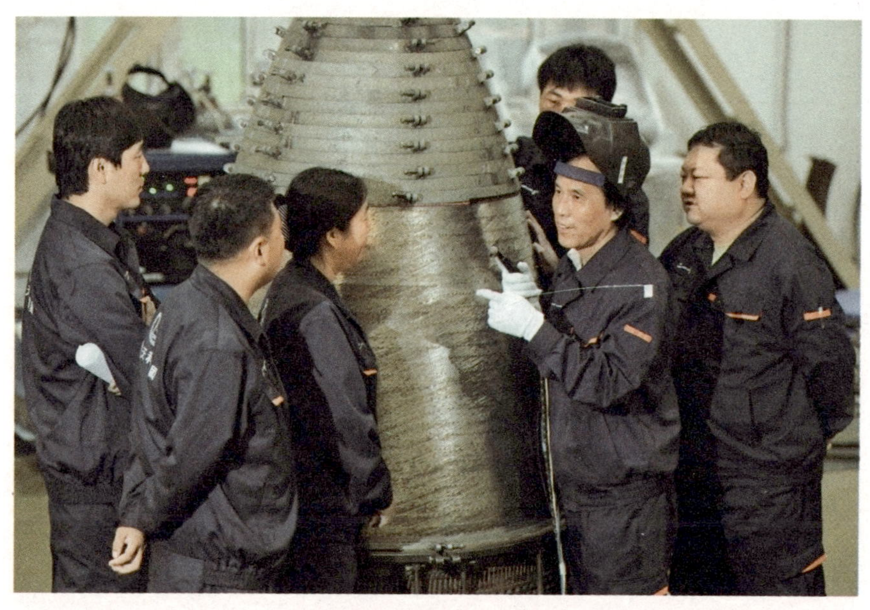

教授徒弟们焊接技术

次创新成果比拼的大舞台。纽伦堡国际发明展历史悠久，位居世界三大发明展之首，每年都有数十个国家和地区的各行业参展。能在这项国际发明界的盛事上斩获一个奖项，都是难能可贵的。

在大喷管大小端焊接过程中，高凤林曾经提出利用高阶线性方程进行反变形控制的理论，并借此成功实现将厚几十毫米的法兰与0.33毫米的超薄方管对接焊到一起，这项成果获得过国家科技进步二等奖。高凤林原本打算将这项成果上报参展，后来领导怕一个项目不稳妥，高凤林便增加了一项他的跨行业焊接成果——火箭发动机异种金属关键组件焊接工艺。最后又考虑到发明展上的发明涉及领域广泛，高凤林

生产中与班组组员共同分析产品生产工艺文件

又增报了一项他在民品领域的焊接发明成果——钛合金车架焊接工艺。就这样，2014 年年底，高凤林携带自己的 3 项成果远赴德国纽伦堡，与来自世界各国的 600 余项发明成果一决高下。

展会上，高凤林针对每项成果都要和十多组专家进行“车轮战”式的讲解，应对提问。最后，发明展共颁发 39 个金奖，而高凤林带去的 3 个项目全部获得金奖，这在发明展历史上也是十分罕见的。

高凤林攻克难关 200 多项，著有论文 30 多篇，获得过多项国家级荣誉。但他没有停下前进的脚步，培养出多名优秀的航天技能人才。现在，高凤林 19 人的班组里，有 5 名全国技术能手、1名中央企业技术能手和1名航天技术能手；2011年，国家人力资源和社会保障部还以高凤林的名字，命名了国家级技能大师工作室，这也是首批50个国家级技能大师工作室之一。

高凤林曾荣获全国劳动模范、全国最美职工、全国职工职业道德标兵个人、中央国家机关十杰青年等荣誉，享受政府特殊津贴。

［敬业奉献］

布天网守卫正义 破案率百分之百——陈 旭

陈旭，1987 年生，北京市公安局海淀分局刑侦支队七中队（重案队）探长。陈旭曾彻夜排查，在案发 24 小时内侦破人命案。在执行抓捕任务时，不顾安危从车窗纵身扑入，力擒犯罪嫌疑人。七年间参与破获各类刑事案件三百余起，破案率 100%。

前不久，电影《嫌疑人 X 的献身》在全国上映，演员王凯在电影中饰演了在刑警学院任职的物理天才唐川，他在一起杀人案的调查中与中学教师石泓开展了一场高智商的对决，最终拨开层层迷雾，揭开了震撼人心又令人扼腕的谜底……

在现实中的陈旭，人称“警队中的王凯”。1.82 米的身高，肌肉线条分明，浓密的剑眉，锐利的眼神，高挺的鼻梁，在硬朗刚毅的脸庞上组合出飒爽的英气。

2016 年 5 月 24 日，一张“彩虹抓捕图”引爆网络，照片中两名侦查员押解一名嫌疑人伫立在彩虹之下。背影中，年轻刑警队员英勇果敢而又乐观浪漫的情怀跃然画面，令人惊叹。站在嫌疑人右手边的侦察员就是陈旭，这是他与战友们连续奋战了 20 个小时，成功破获一起杀人抛尸案，带着嫌疑人辨认作案地点时，躲过一场暴雨，巧遇天际出现彩虹，随手拍下的工作照。谁也不曾想到，因为这张照片，向来沉稳低调的陈旭成了“网红警察”。

和队友破获杀人抛尸案后带嫌疑人指认现场巧遇彩虹

“灵感”虽然重要，但更重要的是耐心和细致

2009 年，陈旭从北京警察学院毕业，分配到北京市公安局海淀分局刑侦支队工作。工作头两年，他在便衣队，跟着队里最有经验的师傅摸爬滚打。师傅告诉他的第一句话就是：“刑侦工作最怕的莫过于纸上谈兵，你要多跟案子，多

去现场，多记笔记，从实战中总结经验。”陈旭始终把师傅的话记在心里，也是从那时起，陈旭养成了记录工作笔记的习惯。“再扑朔迷离的案件，也不可能是单一碎片化的存在，它们之间往往有关联”；“不能忽视那些不起眼的讯息，这往往是案情的重大突破口”；“如果自己是嫌疑人，会怎么做”；“没有人会凭空消失，只有还没被发现的线索”……通过记录梳理总结，复杂的案情和线索逐渐清晰，关键时刻闪现的“灵感”和锲而不舍的耐心、细致，帮助他攻克了一个又一个重大、疑难案件。2011 年底，陈旭被选调至刑侦支队七中队，开始从事各类重特大刑事案件的侦破工作。

2013 年 7 月期间，在中关村一带接连发生了 5 起报刊

查看监控录像

亭被烧毁案件。接案后，陈旭马上对多起着火案件进行了串并，白天，他挨门挨户走访群众，细致查找线索信息；晚上，他加班加点，对白天的线索逐一分析，并对周边监控录像进行查看，一天只休息三四个小时，连续工作了一周时间。由于长时间盯着电脑屏幕，且精神高度集中，陈旭眼睛红肿干涩，颈椎腰椎也僵硬疼痛，但他咬牙坚持，最终从容量达上百个G的视频资料和近百人的描述中，敏锐地找到了嫌疑人衣着特征上的蛛丝马迹，判断出嫌疑人很可能是在中关村一带居住或流浪的无业人员。不仅如此，为了尽快发现嫌疑人作案规律，陈旭还绘制出了嫌疑人的作案地图，准确分析出犯罪嫌疑人可能再次出现的重点地带和时间段，并围绕现场一遍遍以骑车人、步行者、跑步者甚至醉酒状态下的行人可能留下的行踪，向探头影像寻踪觅迹。终于，一个模糊的身影引起了陈旭的注意。天网已张，就在侦查员围绕重点地区开展蹲守的第一天，陈旭就发现了犯罪嫌疑人的踪迹，成功将其顺利抓获，有力证明了他前期判断的精准性。

案件不破，我就有一种对人民群众的负罪感

由于工作成绩突出，2014 年陈旭被任命为七中队探长，开始带领探组成员开展各项侦查工作。陈旭充分发挥重案队不怕苦、不怕累，打大、攻坚、克难的顽强作风，攻克了一

电话联系报警人并做记录

起又一起重大、疑难案件。

2016年5月22日，一名环卫工人在北五环一座立交桥工作时发现了一具女尸。环卫工人随即拨打了110。接到报警后，陈旭及队员立刻赶赴现场展开侦查工作。

很快，侦查员便确定了死者的身份。在突发命案的侦破过程中，耗时越久，犯罪分子将获得更多洗脱的机会，取证的难度也会增大，何况犯罪分子游离在社会多一秒，对广大群众构成的威胁就多一分！所以必须争分夺秒。陈旭带领侦查员连夜排查，各种线索交织碰撞，终于一名青年男子进入了他的视野。又是一轮艰难的调查走访、寻线追踪，第二天清早时分，侦查员确定了该男子的身份。下午3时许，陈旭带领侦查员将毫无防备的嫌疑人成功抓获。此时，距离案发不到 24 小时，速度之快，就连犯罪分子也是始料未及，只得伏法认罪。

就在陈旭押解嫌疑人指认犯罪现场时，暴雨停歇，侦查员的头顶出现一道靓丽的彩虹，于是有了引爆网络的“彩虹照”。

陈旭说，他确实喜欢彩虹，因为彩虹最能代表刑警破案之后那种享受的心情。特别是重案队经手的案子，侦破过程就像在疾风暴雨中挣扎、求索，一旦案子破了，就像见到彩虹一样。

用爱、毅力和坚守守卫正义

正是凭借这种对工作的倾情投入，七年间，陈旭在打击恶性犯罪的战线上，参与破获各类刑事案件三百余起，参与抓获犯罪嫌疑人四百余人，而且破案率始终保持 100%。

骄人的战绩和厚重的荣誉背后，其实书写的尽是艰辛。山间寻尸，陈旭整整一夜攀爬在荆棘丛生的山上，找到尸体的时候，陈旭胳膊和腿上划出道道伤口、血迹斑斑。高空坠落的现场，陈旭冒险站在 20 层楼的天台边专心取证，只为还原现场的本来面目。明知持刀伤害的嫌疑人患有传染病，陈旭穷追不舍，发现嫌疑人的一刹那，陈旭毫不犹豫扑上

日常训练

去，夺下凶器，哪管还有什么不测的后果。抓捕涉枪罪犯，陈旭迎着嫌疑人已经启动的车辆，不顾生命安危从车窗纵身扑入，夺下方向盘，将嫌疑人擒获归案。

心中有阳光，就不会惧怕暴风雨的来临。陈旭始终清楚地知道自己所守护的平安是多么的珍贵。他发自内心地热爱生活，愿意让阳光无死角地照彻心底。他用简单纯粹的生活方式磨炼品质，徒手极限健身，敢在运动场上与特警武警同台竞技。挑战自我，在北京马拉松到达终点的胜利者中，总能看到他的身影。面对他，我们也一直在寻找这个高尚而又时尚的刑警内心的动力源，我们分明已经找到了答案，那就是爱，沉沉的爱，还有毅力与坚守！

[敬业奉献]

花甲文物『医师』修复百年古建——吴书瑞

吴书瑞，1958 年生，北京安海之弋园林古建工程有限公司彩画工作室主任。参与了故宫博物院、天安门城楼等国内外诸多文保工程。建立了首席技师工作室，带徒传艺十余年；探索新的传统建筑彩画的传承模式，使用天然矿物质颜料创作的“金韵葫芦”在 2016 年北京国际文化创意产业博览会上获得“最佳展示奖”。

吴书瑞老师从事油饰彩画工作三十余年，参与了国内外众多的文物保护工程和仿古建筑营造工程的油饰彩画工作，彩画绘制技艺精湛，德才兼备，对门生弟子倾囊相授，严格管教，在自己平凡而普通的工作岗位上为传承彩画传统技艺做出了重要的贡献。

一笔一画，浓墨重彩，百年古建，重新焕发生机，带徒传艺，倾囊相授，十年耕耘，桃李满天下，他就是著名的古建彩画工匠吴书瑞。

吴书瑞，出身工匠世家，他的祖父是紫禁城里的象牙雕刻师。吴书瑞从小耳濡目染练就一身过硬的画工，之后又成为高级古建彩画工。2016 年 2 月，吴书瑞成功入选北京市亦庄经济开发区首届“亦麒麟新创工程领军人才”；2016 年古建筑彩画工作室吴书瑞领衔的古建筑彩画技师团队被北京市大兴区人才工作领导小组评为“大兴区吴书瑞首席技师工作室”。从翩翩少年至年近花甲，三十年孜孜以求，初心不变，敬业奉献，吴书瑞用汗水和智慧赋予了古建筑新的生命。

从事油饰彩画工作三十余年，吴书瑞参与了国内外众多

画山水画

的文物保护工程和仿古建筑营造工程的油饰彩画工作，故宫博物院的乾隆花园，天坛的长廊和双环亭，中南海瀛台，天安门城楼，默默记录下这位大国工匠的坚忍和付出。是怎样的一双巧手，让历经百年风雨的古建筑重获新生？是怎样一颗匠心，让昔日的皇家园林重现辉煌？是他彩画绘制技艺精湛，是他的德才兼备，对门生弟子倾囊相授，严格管教，使他在自己平凡而普通的工作岗位上为传承彩画传统技艺做出了重要的贡献。

离地 40 米的高空，这个普通人上去都要发抖的高度，是吴书瑞日常工作的场所，年近花甲的他站在上面如履平

甘肃举院至公堂、观成堂油饰彩画修缮工程——吴书瑞描临，准备拓纹饰

地，烈日炙烤下的琉璃瓦面温度高达70℃，他仍坚持工作，画起画来一丝不苟，上得了脚手架，坐得了冷板凳，是做古建彩画的基本功。故宫里大量运用的和玺彩画，规制最高且工艺烦琐，单单一个小样制作就需要一个月。从现场勘查、揣摩图样，到制作图谱、立粉贴金，没有深厚的文化积累、非凡的手工技艺、超出常人的体力和毅力，很难登堂入室，有所造诣。吴书瑞不仅坚持了下来，还在行业内做出了名气，他在大兴区人力资源和社会保障局的支持下，建立了古建彩画工首席技师工作室带徒传艺。中央美院、建筑大学的

一批批莘莘学子，追随吴书瑞投身于他们挚爱的彩画事业。

已经拜师学艺十余年的刘锦刚坦言，吴老师言传身教，让我们深知，做彩画光有耐心和细心还不够，最重要的是要尊重历史，坚守古建彩画传统规制，坚持使用天然矿物原料。正是这样不变的追求和初心，让更多的古建筑穿越历史的尘封，重新焕发出夺目的光彩。

吴书瑞从事古建筑油饰彩画工作三十余年，也带徒传艺十余年。目前工作室共有成员 12 人，工作室不仅具有条件优越的工作场地，而且还具有技艺精湛的彩画工团队，具备传承传统彩画技艺的设施与设备，还可以在公司仿古建筑工程和文物保护工程项目中对技术攻关、技术创新等难题进行

一起探讨工程施工情况

在施工现场教徒弟们彩画技艺

实验。

传承代表了一种文化、一种思想、一种力量、一种信仰和一种伟大的精神。吴书瑞为了更好地传承传统建筑彩画工艺，一直在探索新的传统建筑彩画的传承模式。功夫不负有心人，在他的带领下，古建彩画工作室按照传统建筑彩画工艺、使用天然矿物质颜料创作而成的彩画葫芦艺术品——“金韵葫芦”，在2016年北京国际文化创意产业博览会上获得了“最佳展示奖”。

大历史、小工匠、择一事、终一生。多年来，吴书瑞老师始终坚持严格要求自己，勤奋努力，敬业奉献，在自己平凡而普通的工作岗位上，努力做好本职工作，得到了业内的认可和赞誉，为传统建筑彩画事业做出了自己的贡献。

[敬业奉献]

让金融创新惠及大众——许泽玮

许泽玮，1983 年生，91 金融信息服务（北京）有限公司董事长。许泽玮于 2011 年 9 月创立 91 金融，帮助三千余家中小微企业解决了融资难、融资贵的问题。以创业导师身份开展创业课程教育、组建“创新创业团队”、设立青年成长基金等，为上万名青年创业者解决了资金掣肘的业务发展问题。他还将党建应用到企业管理中，通过多个精准扶贫项目，温暖了弱势群体。

2015年6月，经过中国银监会批准，厦门银行正式聘任许泽玮担任独立董事，是首位“80后”的商业银行董事，此举开创了“互联网+金融”跨界合作的新时代。作为创新金融领域的探索者与践行者，许泽玮先后担任工业和信息化部中国电子学会第三届云计算专家委员会委员、中国计算机学会大数据专家委员会委员、共青团北京市第十三届中央委员会候补委员、厦门银行独立董事、中国证券投资基金业协会互联网金融专业委员会委员、中国期货业协会互联网金融专业委员会顾问、北京航空航天大学法学院兼职教授及工业和信息化法治研究院研究员等职务，并荣获共青团中央2016年“全国向上向善好青年”、第二十九届“北京青年五四奖章”、2015中关村高端领军人才、2015首都市民学习之星、“2015年度中国互联网金融十大创新人物”等荣誉称号。

创业经历

许泽玮于2011年投身互联网金融行业，创立91金融。他坚持以专注产品设计和注重用户思维的理念来打造91金融的业务发展模式。力图通过云计算、大数据等互联网信息技术工具革新金融行业，帮助银行等金融机构延伸业务、升级服务体验、提升服务效率，同时为金融消费者提供“安全、可靠、便捷、专业”的贷款、保险、理财、众筹等普惠金融服务，使金融改革成果惠及中小微企业和普通百姓。

出席91金融工会成立大会

出席北京银行创客中心开业仪式，探索支持小微企业“双创”新途径

91 金融的业务模式受到了市场的广泛认可，近五年时间便构建起以 91 金融云、91 金融开放平台、91 金融超市和 91 金融手机移动端四大平台为基础，91 旺财、91 保险、91 贷款、91 增值宝、91 资管、91 投资、91 股神、91 众创、摘星众筹九大产品的多元化、多层次的全金融生态体系，在满足用户多元化财富需求、使个人和金融的关系更加融洽的同时，帮助企业实现业务升级、产品创新。

目前，91 金融已发展成为中国领先的创新金融服务提供商。凭借其创新的金融模式和高速成长，91 金融引起了社会

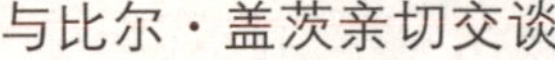
与比尔·盖茨亲切交谈

各界的广泛关注，曾作为创新创业企业代表连续 11 次接受中央电视台的采访，其创新成果也被新华网、人民网等国内外多家重要媒体报道。许泽玮还与比尔·盖茨进行了深度交流，传递中国青年创新创业精神。

面对已经取得的成绩，许泽玮更看重 91 金融于社会的意义。2016 年，许泽玮带领 91 金融团队大力发展众创空间，通过开展创业课程教育、组建“创新创业团队”等辅助创业项目，为创客提供周到细致的服务，以实际行动增加创客规模，推进“大众创业、万众创新”，助力实现供给侧改革。

回报社会

许泽玮不忘回报社会，积极履行社会责任。

关注青年成长。在创业实践同时，许泽玮尤为关注青年成长，并助推青年发展的诸多事务，仅在2015年，便先后担任中关村青联委员、全国金融青联委员等职务。同时，先后成为北京青年创业导师、共青团北京市委员会“新青年创业学堂”讲师、北京市第十二中学和北京市延庆第三中学的首批青春导师，希望通过以“导师”的身份，将自身创业实践的心得经验传授给更多人，让有志青年的“梦想照进现实”。许泽玮还出资设立“青年成长基金”，目的在于激励广大青年积极进取，创新创业。

分享创业经验。许泽玮认为“创业氛围的营造，非公企业不仅要‘引进来’，还要‘走出去’，把自己‘干事创业’的经历分享给更多的‘创客’”。他曾作为青年创业代表出席“香港在国家发展战略中的地位和作用”论坛，向香港青年传递来自中国大陆的创新力量。

创业四年多来，从北京延庆三中、北京十二中，到清华大学、北京大学、中国人民大学、北京航空航天大学、中央财经大学、中国对外经济贸易大学、北京外国语大学七所全国重点院校，许泽玮通过五十多次精彩纷呈的分享，将创业创新经验传递给了更多人，以实际行动鼓励着青年要敢于追

在贵州精准扶贫结对子发布会上（中二）

逐自己的创客梦。

许泽玮还主导 91 金融与北京航空航天大学、对外经济贸易大学、北京外国语大学等多所院校结成战略伙伴关系，帮助解决大学生就业问题。在推动地方经济发展、创新金融服务实体经济等方面做出了突出贡献，取得了良好的经济和社会效益。

2014 年 9 月 30 日，91 金融党支部正式成立。许泽玮作为一名党员时刻不忘党的教诲，热爱祖国，拥护中国共产党的领导，遵守国家各项法律法规及单位规章制度，并积极践行“两学一做”的学习教育活动，通过共产党员网、手机报、电视栏目、微信等平台，坚持学用结合，知行合一，以自身为榜样带领团队成员在工作中自觉践行科学发展观和社会主义核心价值观，将个人理想与社会主义核心价值观充分结合，做到内化于心外化于行。

在许泽玮的带领下，91 金融努力让更多人有机会享受到最好的金融服务，助力中华民族实现伟大复兴的中国梦。

［敬业奉献］

『小巷管家』心系百姓 17年办实事无数——潘瑞凤

潘瑞凤，1971 年生，西城区广内街道西便门东里社区党委书记。任职 17 年来办实事无数：对小区破旧道路进行整体铺设；安装电子探头、门禁系统和残疾人坡道；为老年人就餐搭建平台等。还打造了社区一站式服务、电子商务建设、虚拟养老服务系统、数字家园和科学体验中心等项目；所在社区获“全国科普示范社区”等多项称号。

潘瑞凤在社区工作岗位上辛勤耕耘了 17 个年头，把社区工作当作一项事业来做，多年来始终如一地为社区、为广内建设默默地奉献着。她时刻牢记“居民利益无小事”，以良好的精神风貌接待来办事的每一位居民，耐心解答居民的疑问，居民关心的事认认真真去管，居民赞成的事一丝不苟

三级党代表走基层宣讲十九大

社区学习小组

去做，把每一个居民反映的问题都认真对待，能解决的立即办理，有难度的问题一定要想方设法来妥善解决。

多年来，经潘瑞凤解决的涉及群众切身利益的事情数不胜数。为社区 5 栋塔楼更换了老旧报箱，满足了居民对于精神文化的需求；经多方协商对小区破旧道路进行整体铺设，切实方便了居民的出行；安装了电子探头和门禁系统，保障了平安社区的创建；为小区 6 栋楼安装了残疾人坡道，解决了老年人和残疾人上下楼不便的难题；寻求外部资源为老年人就餐搭建平台……她的努力和付出，得到了群众的拥护和认可。在精品活动方面不断创新，开创了社区“数字党建”工作的新局面，创建了科普特色社区的新发展，着力打造了“六个服务项目”，即“社区一站式服务项目、电子商务建设项目、虚拟养老服务系统项目、数字家园项目、“蓝魔方”——科学体验中心示范项目、社区生态之旅项目，尤其是社区“蓝魔方”的建设，在北京市科普社区专家论证评选中获得第一名。在她的带领下，社区先后获得“北京市创新型科普社区”、“北京市科普益民计划先进社区”、“全国科普示范社区”等光荣称号，并先后取得百万资金的支持。

在担任社区党委书记期间，潘瑞凤切实身体力行，多做实际工作，多做让群众满意的工作，上至空巢老人，下到三岁孩童，她无一不惦记在心。为了帮助社区空巢老人解决吃

与环卫工人清理街面上的杂物

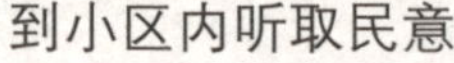
到小区内听取民意

饭难的问题，她多方联系，反复协商，终于在广电部职工食堂的帮助下，为几十名空巢老人办理了能使用居家养老服务券的就餐卡，解决了老人们做饭难、吃饭难的棘手问题。为了帮助社区适龄幼儿顺利入托，潘瑞凤多次找到辖区内长椿街幼儿园领导求助，她摆困难、讲人情，最终帮助社区的适龄幼儿办理了入园手续。在这过程中社区居民和家长以各种形式给她送礼，她都婉言谢绝了，微笑着对居民说："希望您多参与社区建设，多给社区工作建言献策！这就是您对我最大的支持了。"一位家长激动地说："真没想到孩子上幼儿园的事儿最终是社区帮忙解决的，真的太感谢了！潘书记的努力我们都看在眼里，能有这样的好书记，是我们的福气啊！”

“胸怀百姓事，心系千万家。”身为一名基层社区工作者，扎根于基层、服务于群众、奉献于社区是潘瑞凤永恒的信念。她一直把社区视为自己的家园，把居民当作自己的亲人。在她担任区人大代表期间，对两个社区的居民高度负责，先后两次把《关于广内街道西便门西里社区 14 号楼落实产权单位》的建议件上交到区房管局，经过各方努力，这项工作得到有序推进。老年人是社会关爱的群体，为老年人服务更是社会各界不断探寻的课题，她上交的《关于北京市

看望生病居民

西城区社区爱心服务一卡通拓宽服务消费功能的建议》也得到了区民政局领导的关注。她非常重视老年人的服务，通过各种途径拓宽服务资源，联系北京汉唐华盛健康管理中心为社区老人免费发放“爱心白菜”，同时也为社区老人奉献爱心。每到年底时潘瑞凤不仅逐一走访慰问本社区的困难人员，为他们送去慰问品，同时心系困难群众，个人出资购买慰问品走访看望社区困难党员。她用实际行动证明了只要用真心对待群众，就能够真正得到群众的支持和信任。

[敬业奉献]

用爱解忧好书记 和谐社区无难事——殷金凤

殷金凤，1963 年生，朝阳区呼家楼街道呼家楼北社区党委书记。秉承“用勤补拙、用爱服务”理念，推出“十必访两公开”工作法，打造小件急修队、爱心服务队等志愿组织，制定“红绶带”宾客接待规范，建立民愿诉求调处机制和社会领域党建机制等；将社区建设成弱势群体有人帮、矛盾家庭有人解、难事解决有机制的“三有”和谐社区。

殷金凤，朝阳区呼家楼街道呼家楼北社区党委书记。多年来，她以社区为家，乐于扶危帮困，善于解决问题，在社区居民中具有很高威信，是一位名副其实的“解难书记”。她凭着作为人大代表的责任感和使命感，听民声、访民意，成为居民群众的“代言人”；她带领社区一班人不懈努力，把呼北社区由一个弱势群体人员多、居民难事怨气多、矛盾激化苗头家庭多的“三多”社区，建设成为一个弱势群体个个有人帮，矛盾家庭户户有人解，居民难事解决有机制的“三有”和谐社区。她是北京市第十届、十一届党代表和朝阳区党代表、区人大代表，曾荣获全国劳动模范、北京市劳动模范、北京市优秀共产党员等多项荣誉称号。

以身作则抓班子，言传身教带队伍

一个人带动一个班子，一个班子带出一支队伍。殷金凤将打造一个有力、过硬、团结向上的领导班子作为做好各项

入户了解情况

工作的基础。她深信一个班子的整体作风与带头人的工作作风紧密相关，因此总是以身作则，要求别人做到的自己首先做到、做好，遇到难题自己冲当先锋、啃“硬骨头”。对于刚刚来到社区工作的年轻人，殷金凤逐个谈心，鼓励他们向老同志学习，要求他们做到四勤：嘴勤——不懂就问，手勤——勤做记录，腿勤——深入群众，眼勤——注重观察。她还为每个年轻人配了师傅，实行“一员一课”、“一帮一带”的“传帮带”，促使他们尽快进入角色。这种勇于争先的工作作风和工作形式，带动了社区干部心往一处想、劲往一处使，带动了一批特别能吃苦、特别能战斗的社区党员队伍、居民积极分子队伍、志愿者队伍，为社区赢得了众多荣誉。

勇于创新出成效，心系百姓体民情

金杯银杯不如老百姓的口碑，金奖银奖不如老百姓的夸奖。为了不断满足不同层次居民的需求，提高居民幸福指数，殷金凤积极探索创新为民服务机制，面对“八多八难”人群（“八多”，即老年人多、下岗失业人员多、出租房屋和流动人口多、两劳释放人员多、残疾人多、困难群体多、

电话沟通为民解难事

与社区居民共畅社区发展

各种矛盾纠纷多、养犬户多；“八难”，即居民用电难、吃水难、行路难、买菜难、停车难、下水道排水难、看电视难、家庭小件急修难），她秉承“用勤补拙、用爱服务”的理念，先后推出“十必访两公开”工作法，打造小件急修队、爱心服务队等为民服务志愿组织，制定“红绶带”宾客接待工作规范，建立社区民愿诉求调处机制、“三四四六”社会领域党建机制等，赢得了广大居民群众的认可。

居民听证会是殷金凤创新工作方法的又一亮点。为了探索推动基层民主，让居民自己决定涉及自身利益的重大问题，她创造性地提出居民听证会工作方式，先后就养犬、自行车棚收费、楼宇对讲安装、社区办公活动用房改扩建、老旧小区停车难等问题召开了四次听证会，听取居民意见建议，曾被中央电视台《焦点访谈》等多家媒体报道。

身体力行解民忧，当好居民主心骨

“百姓事无小事。”从早到晚，她心里装的是空巢老人、流动人口、残困人员等必须要访的人；一年到头，她想的是搬垃圾堆、填污水坑、修破碎路、建五彩园等必须要干的事。在呼家楼北里社区，群众不论遇到什么事，只要见到她和蔼可亲的笑容、奔波劳碌的身影，心里自然也就会有底。

路灯亮进百姓心。呼家楼北里是老旧小区，一直没有路灯，晚上小区里漆黑一片，不但行走不便，还带来治安隐患。为此，她将这一问题反映给相关部门，但被告知由于小区内道路狭窄，不符合安装路灯的标准。面对这一难题，她没有就此退缩，而是继续协调、请求各方面给予帮助。终于，在她的积极努力下，在区政府相关部门的支持下，为这个老旧小区装上了路灯，百姓的心也随之更敞亮了。

关键时刻敢当先。在相关群众聚集闹事的施工现场，殷金凤毫不犹豫跳入一米多深的坑内，不顾个人安危，制止民工的野蛮行为，苦口婆心地劝说居民理性解决问题。无论多乱的现场，人们只要看到她来了，就像有了主心骨，多难的

学习党建知识

事情只要殷金凤出面，再刺儿头的人也能被说服。

平淡之中见真情。社区有几位孤寡老人，他们把社区当成家，把殷金凤当亲人，大事小事都找她。老人找不到东西时、身体不舒服时都给殷金凤打电话……殷金凤总是不厌其烦地帮助他们解决各种问题，经常上门看望、热心照顾，老人们的晚年生活也变得更加舒适幸福。

[热心公益]

妫河岸边的『环保奶奶』——贺玉凤

贺玉凤，1958 年生，延庆区张山营镇小河屯村村民。二十多年来，贺玉凤在延庆妫河两岸义务捡拾了数以万计的塑料袋、快餐盒等白色垃圾。如今包括孙儿在内的家人都参与了她的志愿环保活动。她还组织了有百余人参与的“夕阳传递”环保志愿服务队，定期到妫河两岸、各大景区、海坨山冬奥会赛场等地开展志愿环保活动。

贺玉凤是一个土生土长的延庆人。延庆这片热土养育了她，家乡的每一座大山、每一条河流，都见证了她的成长，因此，贺玉凤从小就立志一定要用自己的实际行动来保护家乡的山、家乡的水，保护好这个美好的家园。

从 20 世纪 90 年代开始，她就义务在延庆妫河两岸义务

捡垃圾

处理塑料瓶子

捡拾垃圾，至今已坚持二十余年，单是捡拾废弃矿泉水瓶总数就近三十万个，成为远近闻名的“环保奶奶”。刚开始的时候，她只是遛弯的时候顺便捡，那时候捡垃圾还很不好意思，但是只要两天不去捡，就会发现地上和河里的垃圾越来越多。所以当时她就下定决心，一定要保护好这片土地和河流。于是，她每天早上起来的第一件事就是到河边捡垃圾，晚上再出去捡一次。后来变成只要有时间她都会去捡。

贺玉凤说刚开始捡垃圾时，家里人都是反对的，觉得捡垃圾这件事很没面子，无异于捡破烂。起初我的孩子每次从市里回来看到我在捡垃圾，都跟我说：“妈，您一天能捡多少个瓶子，一个月能卖多少钱，我每月多给您点钱，您别再捡垃圾了行吗?”我听了这话都会反问他：“你就是每个月给我 3 千，给我 3 万，延庆的天能变蓝吗？水能变清吗？延庆的环境能变好吗？我这么大岁数了，没本事干什么惊天动地的大事，能捡捡垃圾，为环保做一点贡献，我很快乐，也很知足。”现在他们每次回来时，都要和她一起到河边去捡垃圾，就连刚 5 岁的小孙子都说：“我要和奶奶一起去捡瓶子，保护环境，做环保小达人。”

还有一次，她为了捡河里面的一个瓶子，不小心掉进了河里，裤子全湿透了。回到家后，老伴见她这样狼狈，生气地对她说：“我说不让你捡，你非要捡，这下裤子全湿了吧，

参加延庆区“十优”百姓宣讲员评选活动

河边的“环保奶奶”

没淹着你就算便宜你了。”老伴虽然嘴上这么说，可是心里却很为她担心。那天吃完饭后，老伴就给她做了一个三四米长的钩子，对她说：“以后再捡河里的垃圾，你就不用再下河冒险了，用这个钩子站在岸上就能把垃圾勾上来了。”贺玉凤说：“当我接过老伴亲手给我做的钩子的时候，我感动得都要掉眼泪了。”以前家里的人都反对她捡垃圾，现在通过她的坚持和努力，已经慢慢地得到了他们的认可。

进入夏季，到河边来钓鱼、野餐的人多起来了，河边的垃圾也就随之多了起来，一些野餐的人吃完喝完顺手就把垃圾扔进了河里。贺玉凤说道：“一次我在捡烧烤垃圾时，不小心扎破了手，尽管这样，他们还用白眼看我，甚至说我是臭捡破烂的，但我认为，只要环境好了，怎么说我都无所谓。”

2019年的世界园艺博览会和2022年的冬奥会，就要在美丽的延庆举行，贺玉凤还号召和她具有同样志愿精神的一百多人组成了“夕阳传递”环保志愿服务队，定期到妫河两岸、各大景区、海坨山冬奥会赛场等地开展志愿环保活动，一起用她们的实际行动参与创建全国文明城区活动，为世园添彩，为冬奥助力。

严控产品标准 确保餐桌安全——张莉华

［诚实守信］

张莉华，1973 年生，北京利民恒华农业科技有限公司董事长兼总经理。北京青年创业园房山园创业导师。利民恒华形成了无公害农产品标准化生产模式和追责惩戒机制以及订单收购、保护价收购模式，从产业链源头保障了品质安全。生产基地规模不断扩大，直接吸纳就业岗位 500 余个，间接带动 2500 余名农民就业。

有人说诚信是和煦的春风，带给大地无尽的暖意；有人说诚信是夏日的雨水，带给人们无限的凉意；张莉华说："诚信是一张不容背弃的人生契约！"

北京利民恒华农业科技有限公司成立于 2005 年 12 月，发展至今十余载，始终以维护百姓餐桌安全为己任，诚实守信办企业，匠心情怀做食品。在董事长张莉华的率领下，利民恒华很快跻身于京郊知名企业行列，成为京郊农业一张精美的名片，她本人被誉为农民的主心骨、百姓餐桌安全的守护使者。

以企业匠心文化建设为魂，导航企业发展方向

食品消费安全事关亿万百姓福祉，是有良心的企业家不容回避的重大现实课题。企业的发展源于诚信，诚信之道源于企业文化建设。为了还消费者一片净土，张莉华创造性地运用供应链综合管理、工程学顶层设计等理论成果，以"因

为爱——所以专注”的企业匠心文化建设为魂，诚实守信办企业，匠心情怀做食品，精心培育了“勇于跨越、追求卓越”的企业精神，大力弘扬“食品质量是生命、消费安全是效益”的质量理念，努力营造“守信为荣、失信为耻、无信为忧”的企业氛围，为守护百姓餐桌安全奠定了基础。

以德立企，严把农产品安全生产关

餐桌安全既是广大消费者的最基本需求，也是农产品进入市场最起码的质量要求；既是消费者应该享受的基本权利，又是生产经营者应该履行的基本义务。为此，利民恒华严格按照《中华人民共和国标准化法》、农业部《无公害农产品管理办法》规定的产地环境质量标准、产品质量标准和生产技术规范，组织实施无公害农产品生产，逐步探索形成了“推广有标准、生产有记录、产品有标识（品牌）、信息可查询、质量可追溯、流向可跟踪、责任可追究”的无公害农产品标准化生产模式和追责惩戒机制，从产业链源头保障了农产品（原材料）品质安全。十余年来，利民恒华有机杂粮、果蔬生产基地规模已扩大到3000亩，年产量突破了4500吨，辐射带动1500户农民就业增收；成功培植了“利民恒华”、“梯田老农”、“绿田甜”等京郊知名品牌，品牌产品生产占总商品量的60%以上。

与制酱大师研发新产品

以订单收购为主要模式，有效规避农产品生产风险

农产品订单收购是引导生产、规避生产风险的重要手段。市场行情随时变化，为避免农产品缺货或积压，利民恒华将采购链前伸至生产基地，通过订单收购引导生产。订单中农产品采购品种和数量的确定来源于市场需求、所属门店的销售统计数据、合作商家的要货计划和本企业加工中心的原材料订购计划，以此为依据开具订单，生产基地按照订

菜农交流大棚蔬菜种植

单计划组织生产，避免了盲目生产，有效规避了生产风险。“十二五”以来，利民恒华通过订单收购、保护价收购模式，平均每年收购杂粮类、果蔬类、食用菌、肉禽制品等原材料2500余吨，平均每年多支付运营成本200余万元。不仅保护了生产者的积极性，而且实现了农产品由鲜销向精深加工的战略转变，提高了产品附加值。

以科技创新为先导，不断提升品牌产品的市场活力

在研发环节，以科技创新为先导，通过奇妙的构思、独特的味觉设计、安全的无添加技术、先进的工艺流程、引领行业方向的一流装备、个性化包装创意等联动方式，相继研发、中试、投产了文化底蕴厚重、具有北京特质、契合市民与游客消费需求的皇城面食、皇城御酱、老北京炸酱、皇京小吃等 5 个系列百余种美食产品，设计成果具有前瞻性、发展性、可实现性、可持续性，进一步放大了目标市场。凭借企业雄厚的研发实力、食品科研成果的唯一性、研发产品的

到农家了解情况

市场覆盖率和占有率，“乐乐菇”香菇酱生产工艺设备相继获得了七项实用专利授权，利民恒华获得了全国高新技术企业资质。企业无形资产规模迅速扩张，企业总体实力、核心竞争力强势攀升。

以护航百姓餐桌安全为己任，努力加强食品供应链规范化管理

北京榜样 2017

按照规范前端（生产环节）、培育中端（加工环节）、提升末端（物流环节）的战略构思，建立健全食品检验检测体系、食品质量安全评价指标体系、供应链标准认证体系、物流设施设备标准化建设体系，从农产品生产→原料选购→研发中试→技术保障→加工生产→市场准入→召回退市→消费终端全过程构建了制度完善、风险可控、监管有效的食品质量安全控制系统，从而保障了百姓消费安全。利民恒华独家研发设计的“乐乐菇”香菇酱、皇城御酱、老北京炸酱、皇城面食等美食产品，以“产品标准化、生产机械化、工艺科技化、操作规范化、准入制度化”为基本特征，全方位多角度系统化保障产品品质优势，产品外观、结构、风味、口感、保鲜、营养、卫生、安全等品质指标全面超越传统食品，契合了百姓放心食品消费需求。

在领航京津冀农业产业化发展的旅途中，张莉华带领的

为消费者介绍公司产品

利民恒华在产业带动能力、吸纳就业能力上，年年跨上新台阶。通过在生产环节、加工环节以及流通环节等多环节的创新融合发展，使利民恒华成为百姓信赖的企业，直接吸纳就业岗位 500 余个，间接带动农民就业 2500 余人。

由于企业贡献突出，张莉华相继获取“房山区农村实用领军人才”、“北京市农村致富带头人”、“北京市有突出贡献的农村实用人才”、“北京市高级实用人才”、“全国三八红旗手”、“全国巾帼建功标兵”、“全国十大杰出农产品女经纪人”等殊荣。

“南方有佳木，北方有佳人”，作为一位女性，她用略显柔弱的身躯带动了一个企业的壮大，守护着百姓餐桌安全。

无论取得了怎样的成就、有怎样的光环加身，没有改变的是她那颗纯净的心。时间磨砺后的她更具有一种淡然情怀，更加坚定地做百姓餐桌安全的守护者。

[见义勇为]

猥亵男恼羞成怒行凶 耳机哥英勇起身夺刀——杨帆 赵小伟

杨帆，1986年生，苏州创意云网络科技有限公司北京分公司人事经理；赵小伟，1980年生，中央电视台财经频道编辑。2017年7月17日上午，二人所乘582路车上有人大喊："杀人了！"此刻因性骚扰遭掌掴的一男子正勒住女乘客脖子用刀往她身上猛扎。杨帆迅即将该男子抱住并握紧他持刀的右手，赵小伟挺身相助，二人10秒钟将该男子制服，有效阻止继续施暴，挽救女乘客生命。因杨帆戴着耳机被网友亲切称为"耳机哥"。

杨帆，苏州创意云网络科技有限公司北京分公司人事经理，张家口赤城县人，现住北京市通州区小稿村。

赵小伟，中央电视台财经频道编辑，河南省平舆县人，现住北京市通州区梨园镇万盛北里。

2017 年 7 月 17 日 8 时 14 分，582 路无人售票车行驶到通州区翠屏南里站至果园环岛区间时，忽听车内乘客大喊："杀人了！"只见一名男性嫌疑人一手勒住一名女乘客脖子，一手持刀在其身上猛扎。

说时迟那时快，正在乘车的杨帆立刻起身，从后侧将犯罪嫌疑人抱住，并紧握犯罪嫌疑人握刀的右手，制止犯罪嫌疑人继续行凶。同时乘车的赵小伟起身帮忙，最终共同将犯罪嫌疑人制服。而后，公交司机拨打了 110 报警电话和 120 急救电话，通州分局公安民警将犯罪嫌疑人带离，将受害人送上 120 急救车，赢得了宝贵的抢救时间。

从调出的公交车上监控视频可以看出，从犯罪嫌疑人拿出水果刀行凶，到被制服，全程仅 10 秒钟。这 10 秒钟里，两名男乘客毫不犹豫地上前与犯罪嫌疑人搏斗，第一时间制

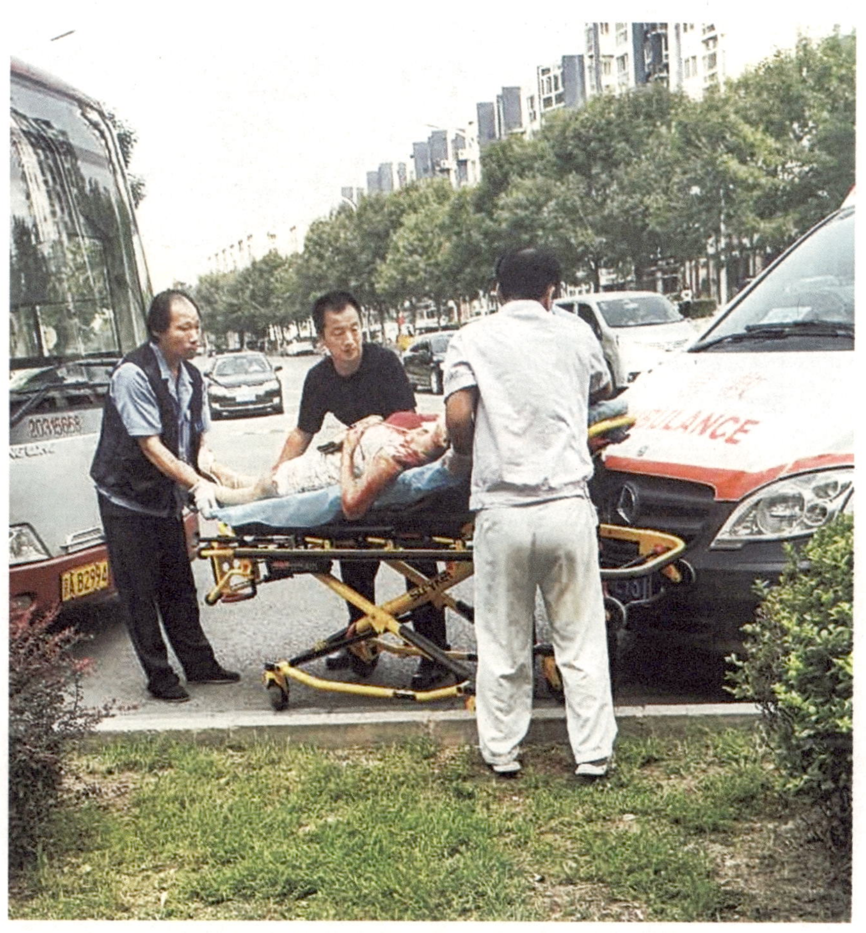

制服行凶者后 120 到达现场，受害人被抬上救护车

服并抓获犯罪嫌疑人，有效阻止其继续施暴，挽救了受害人的生命，防止了其他乘客生命财产受到损失，获得网友一致点赞。因监控中，杨帆当时戴着白色耳机，被网友亲切称为“耳机哥”。

通州公安局和公交总队对582公交车上见义勇为的赵小伟（右一）、杨帆（右二）进行表彰

［孝老爱亲］

把爱奉献给亲人　一身托起三家——王晓旌

王晓旌，1969 年生，中国财贸轻纺烟草工会干部。对父母，与妹妹共同照顾，并创造了帮脑梗父亲恢复自理的奇迹；对公婆，她打地铺也要腾出卧室让老人享天伦之乐；对丈夫病逝前妻近九旬的父母，她将粮油果蔬送至家中，年节必去看望。她放弃生育卖掉房产培养丈夫与前妻之子出国深造，以羸弱之身托起三家。

王晓旌结婚十年来，孝老爱亲、以心换心，同时照顾多病的父母、高龄的公婆和丈夫病逝前妻的年近九十的母亲及继父共六位老人。她真诚相待、以情感人，将非亲生孩子视若己出，悉心教育成才并实现其出国留学的愿望。在这个构成相对复杂的家庭里，大家互相关爱、宽容谦让，从没出现矛盾冲突。特别是在她本人突患重症期间，依然以高度的责任心营造和维护着一个幸福美满的家庭，以敬业奉献的工作态度实现了良好的工作业绩，并以真诚的态度热心公益，助人为乐。

感念父母之恩，勇担家庭责任。近几年来，她年近八十的父亲三次遭遇脑梗，两次住进 ICU 抢救，医生认为病情严重，即便出院后也不适合居家护理。王晓旌在自己遭遇肺纤维化疾病两次住院，近十个月内多次小剂量化疗的情况下，主动与妹妹两家共同尽心尽力，为老人联系医疗护理和康复机构，同时将老母亲接到自己家居住。在坚持一年多的康复治疗后，父亲已经能够生活自理、辅助行走，被安贞医院医生认为是超乎想象的康复效果，老父亲被北京电视台经济频

与公婆聚餐

道在老年节目采访报道。在父亲能够回家护理的情况下，她又出资十几万元，在残联帮助指导下，为父母家重新改造装修，安置墙体扶手和老人用辅助洗澡设施及坐便设施、煤气报警装置等，以快递方式为老人送蔬菜水果等生活用品，解除老人的生活困难。

孝敬公婆，姑姐和睦。公公婆婆已经年近九十岁，但身体健康，喜欢摄影和旅游，当王晓旌知道他们想买一台单反相机又一直舍不得的时候，当即买了一台成全了他们的心愿，公公高兴地加入了老年摄影班，还学会了修图，不时发来新的摄影作品。王晓旌每当看到有什么适合他们的保健品和养生用品，就买了快递到老家，详细讲解吃法用法。每逢假期，或是全家前往老家探望老人，或是陪同老人共同出游海南、天津等地。学校寒暑假期间，她克服自家房子居住面积不足的困难，两夫妻睡沙发、打地铺，腾出卧室邀请老人来京住几个月，满足老人希望孙儿承欢膝下的心愿。对来京求学的姑姐家的孩子也热情款待，假期安排住在家里。王晓旌大气开朗的性格、周到周全的态度得到全家上下一致的称赞。

“老吾老以及人之老”，给非亲长辈以真切的亲情照料。丈夫前妻病逝，留下母亲及继父两位年近九十岁的老人，王

与公婆参观航天城

与公婆在海南度假

晓旌对他们十分关心敬重，平时将米面油、水果、蔬菜等比较重的生活必需品送到家里，逢年过节必去看望，送去老人喜欢的茶叶、保健品和水果、糕点、生活用品等。每逢生日，老家来亲戚，必定迎来送往招待，一起聚餐，老人生病都会陪同诊治、住院都会到病榻前探望，每年还准备祭品陪同老人去为亲人扫墓，老人虽然没有亲生子女在身边，依然能安度晚年。

“幼吾幼以及人之幼”，言传身教，支持学业，悉心培养非亲子女成才。结婚时，爱人带着前妻病逝留下的 10 岁男孩，王晓旌视如己出，放弃了自己的生育指标，全身心培养孩子成才。她不仅注重孩子的学习成绩，更重视对孩子人生观、价值观的思想教育，既不因孩子早年丧母而娇纵溺爱，又对孩子人生每个成长阶段的身心发育关心备至。孩子初中、高中都以优异成绩被北京市重点学校提前招收录取，德智体全面发展。在高中期间，当得知孩子生母的遗愿是希望儿子能够出国深造时，在征求了孩子意见，希望能够去美国留学的情况下，虽然遭遇自己突患重病，治疗前景未测的意外情况，还是坚定支持孩子的留学决定，为支付高额学费，毅然卖掉了单位分的房子，并着意培养孩子独立生活的能力，使他能很快适应国外生活。孩子在温馨、和谐、宁静的家庭环境中成长，积极向上、谦和待人、尊重长辈，在学校是学生干部，经常组织和参加校内的各种活动并获得多种奖励，在家里是好孩子，亲友、邻居、同事提起他们的儿子，都会伸出大拇指称赞。孩子留学一年，学业成绩优秀，母子关系非常融洽。

敬业奉献，做好本职工作。王晓旌在 2016 年 3 月突然遭遇免疫系统重疾，造成肺纤维化、类风湿关节炎以及大剂量服用激素、长期小剂量化疗造成高血脂、高血压、高血糖、骨质重度疏松、贫血等一系列药物副作用，一年之内两次住院的情况下，只要身体状况许可的时候依然坚持工作，不但完成纺织工作部的各项年度任务，还认真履行支部委员和部门工会主席的职责，积极组织“两学一做”各项支部活动和工会活动，关心会员工作生活。

热心公益，助人为乐。多次在网上轻松筹、中国青少年发展基金的爱心圆梦等活动中为遭遇疾病的困难家庭和贫困儿童捐款。在社区与左邻右舍友好相处，并热心组织社区公益活动，被邻里称赞。

2017
北京榜样
提名奖

［助人为乐］ 刘　佳　熊　鑫　李天君　崔　莹　陈娟英　陈元锋
王俊英　井小毅

［见义勇为］ 王铁军　吴　跃　郑　伟

［诚实守信］ 赵玉忠　付国华　田恩广

［敬业奉献］ 小香玉　黄相锋　王茂华　钱素云　宋学文　庞　涛
屠鹏飞　苏晋达　韩　笑　彭运动　李光武　王金辉
刘忠军　柏　群　石　嫣　程　刚　沈　腾　张　涛
吴　疆　张　斌　李新宇

［孝老爱亲］ 薛国峰　马秋荣　崔占霞　霍淑凤

［热心公益］ 聂一菁　张岩雄　王燕妮　于志泉　王忠平　于安安
刘海鹰　高义之　程　浩　安淑静　何绍森　韩双喜

提名奖［助人为乐］

刘佳、熊鑫：医生伉俪高空救危

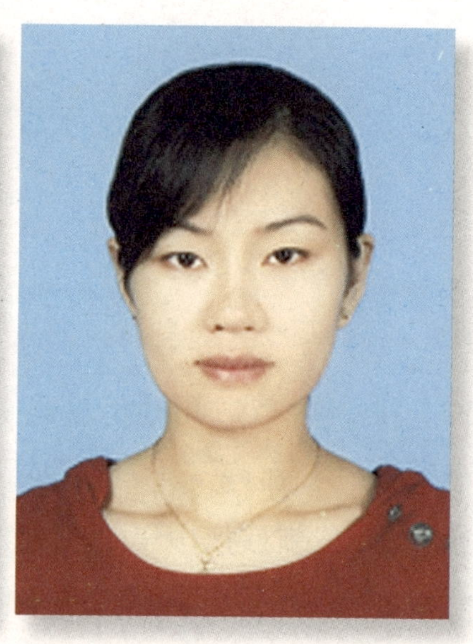

刘佳，男，1982 年生；熊鑫，女，1981 年生，夫妻分别为北京市垂杨柳医院泌尿外科和呼吸内科的主治医师。2017 年 3 月 5 日，二人在航班返京途中偶遇突发急病的老人，第一时间在飞机上投入抢救。几轮心肺复苏后病人仍无自主呼吸及心跳。熊鑫急中生智自制了吸痰器，嘴对嘴为老人吸痰，最终老人从口腔中喷出带血的米饭粒，转危为安。之后，飞机迫降将患者转交给当地 120 救治，患者家人频频向他们鞠躬致谢，乘客纷纷为他们点赞。

李天君："活血库"让无数人新生

李天君，1972 年生，国家卫计委研究所国家脐血库质量负责人。2001 年因血库缺血，作为血站的普通职工第一次献血。至今，累计献血 96 次，总量相当于 4 个人体的血容量。2004 年底他开始交替捐献全血和血小板。他还是捐献骨髓造血干细胞的志愿者。在他影响下，他的妻子以及血站满足献血条件的员工都成了固定的无偿献血者，救人无数。

崔莹：成就残疾少年的艺术梦想

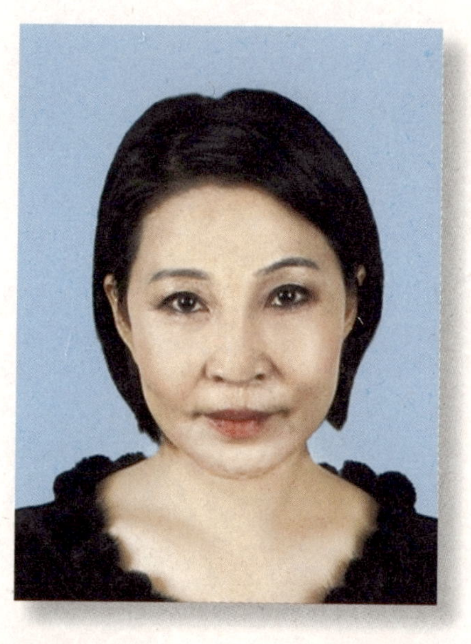

北京榜样 2017

崔莹，1963 年生，北京心灵呼唤残疾人艺术团团长。1996 年放弃杂技演员工作创办残疾人艺术团，曾亲自买菜做饭，把所有演员都带到自己几十平方米的家中居住，还为残疾少年装假肢安耳蜗。22 年间培养出一批残疾人演艺明星，登上央视和各省卫视舞台，还屡次出国演出；成就了 1800 多名残疾少年的艺术梦想。

陈娟英：照顾邻居 19 载　不图回报见真情

陈娟英，1940 年生，西城区法源寺社区居民。邻居田秀山的妻子患病行动不便，女儿宁宁有精神障碍。担任社区志愿者和楼门长的陈娟英照顾他们已 19 年；不仅手把手地教她们做饭，还时常端去自家饭菜。3 年前田秀山妻子去世，陈娟英告诉宁宁“有事找奶奶”；在宁宁生病住院时陈娟英带她看病换药和医生沟通，令医护深深感动。

陈元锋：捐髓救人的平凡英雄

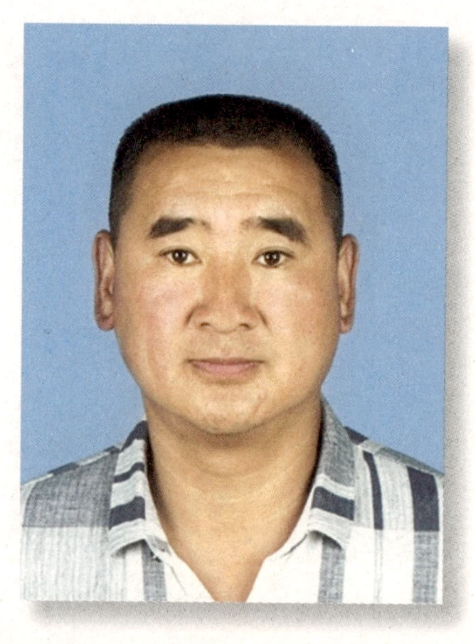

北京榜样
2017

陈元锋，1972年生，房山区水务局员工。陈元锋是罕见的RH型阴性血，2013年11月，年逾40的他做通家人工作，成为中华骨髓库的一员。2016年9月他获知与一位白血病患者配型成功又惊又喜，婉拒了受捐者家属要为他承担相关费用的恳求。2017年3月15日第一次捐献骨髓，如今一个5岁的患儿已因他重获新生。

王俊英：照顾路遇非亲老人　四十余载不图回报

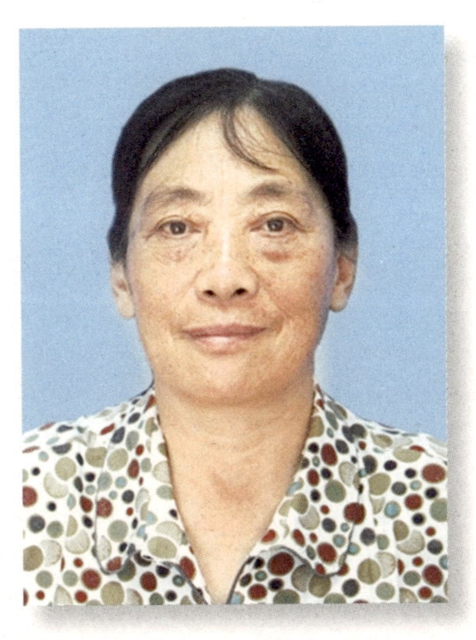

王俊英，1955 年生，门头沟区大台街道玉皇庙社区居民。1972 年，17 岁的王俊英路遇被废品压弯近乎伏地的肖淑敏老人顿生怜悯。最初她瞒着家里送食物做家务；老人丈夫去世后她带老人看病付医药费；2002 年老人突发脑血栓，她安排老人住进养老院，解决生活费医药费；7 年后老人患病住院，她床前守候了十几天。就这样，至今她照顾非亲老人 45 年。

井小毅：待恩师情同母子　三十年左右陪伴

北京榜样
2017

井小毅，1960 年生，北京市杂技学校教师。1972 年井小毅进入北京市杂技学校，师从宋慧玲老师学习毽球。得知宋老师退休后独居生活身并患疾病，主动照顾老师，至今三十余年。帮老师安炉子搬煤买菜，端水喂药揉肩；还时常背着老师去修脚；除夕晚上全家陪老师一同过年。如今老师已年过九旬，感情上情同母子。

提名奖［见义勇为］

王铁军：党员干部勇救三名落水青年

吴　跃、郑　伟：路见不平仗义出手

王铁军：党员干部勇救三名落水青年

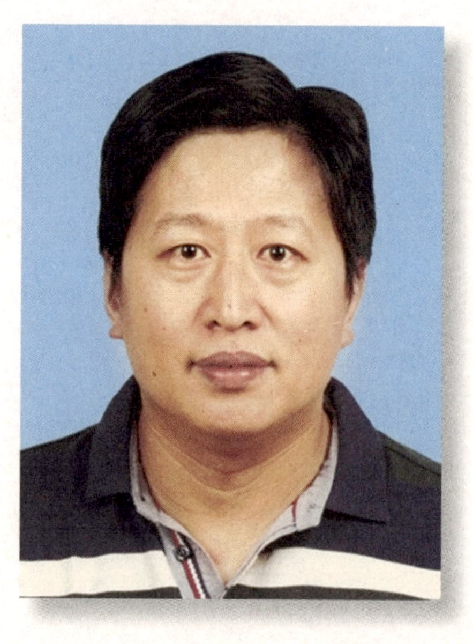

王铁军，1977 年生，中央机构编制委员会综合司副处长。2016 年 9 月 16 日，途经箭杆河边，遇一车辆冲下堤坝沉入河水，他毅然跳入水中施救，将已昏迷的驾驶员和两名乘客一一拖拽上岸，自己却因吸入大量污水而晕倒在水中，幸得周围人救助，几小时后才苏醒脱险。事后他谢绝了他们的重金酬谢。

吴跃、郑伟：路见不平仗义出手

吴跃，1985 年生；郑伟，1973 年生，他们都是北京市环丽清扫中心职工。2016 年 8 月 22 日，他们正进行洗地车加水作业，忽听一女士呼喊，得知有人抢夺她的挎包。郑伟帮助该女士拨打 110，吴跃火速追赶百余米将嫌疑人摔倒在地，郑伟随后赶到，二人将其交与了警察。郑伟的心脏安有两个支架，事后他说没顾上多想，一个念头就是不能让坏人得逞。

提名奖［诚实守信］

赵玉忠：宁亏自己不输诚信

付国华："二手车行"的断案人

田恩广：以诚信音符奏响民族乐章

赵玉忠：宁亏自己不输诚信

赵玉忠，1957 年生，北京北菜园农产品产销专业合作（联合）社理事长。蔬菜基地曾有八亩快要采摘的西红柿虫害严重，打少许化学农药即可挽回经济损失，他的选择却是销毁所有的病害产品。2011 年春节，有机菜因气温低无法足量供应，客户提出用有机菜价格购买普通菜，再冒充有机菜销售，被他拒绝。八年来，为确保品质他们付出了上百万元的损失，却赢得了消费者信任，销售额由不足 300 万元发展到上千万。

付国华："二手车行"的断案人

付国华，1975 年生，北京靓车坊旧机动车经纪有限公司总经理。进军二手车行业 11 年，他始终信守诚信。曾有人发现所购宝马车公里数作假，得知真相后，他明确表态无条件退款，经济损失由自己承担。因处事公平又了解行业乱象，他常被当事人请去"断案"。2016 年，他被北七家人民调解委员会聘为"人民调解员"，化解多起矛盾纠纷。

田恩广：以诚信音符奏响民族乐章

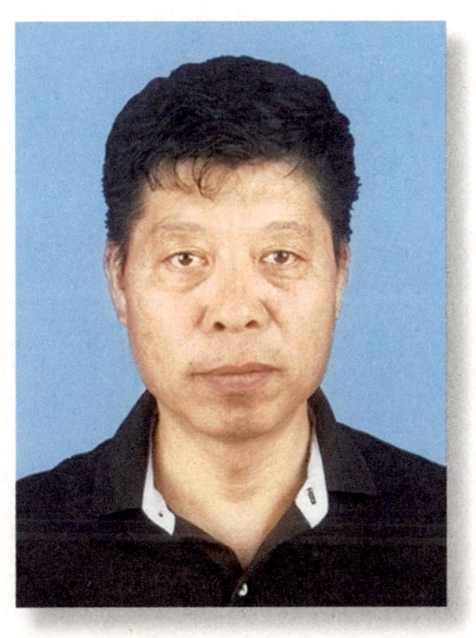

田恩广，1966 年生，北京乐延乐器有限公司创始人。1993 年收购了一家倒闭的民族乐器厂。2000 年，一德国客户将产品型号写错了焦急万分，他二话不说重新发货；2015 年，他发现一批原材料贵金属含量不足，冒着自己承担各种费用的风险向已收到货的美国客户召回产品。诚信经营让乐延产品远销十几个国家。

提名奖［敬业奉献］

王金辉：巡诊无惧山高路险　送医只为百姓安康

刘忠军：开拓脊柱外科 3D 打印　主刀世界首例造福病患

柏　群：痴心传承宫廷技艺　大师续写国粹传奇

石　嫣："80 后"海归"新农人"　让数千人分享收获

程　刚：填补新药市场空白　为患者带来福音

沈　腾：律师屡破疑难热点　多元化促法制建设

张　涛：管理创新出效益　预防泄漏破难关

吴　疆：航空特情处置专家　空中安全坚强后盾

张　斌：痴情地铁高端隔振　放弃官禄一心科研

李新宇：植物治霾出成果　宜居之都靠生态

小香玉：让上百名山里娃展示风采

小香玉，1965 年生，北京绿谷小香玉艺术学校校长。在戏曲影视、艺术教育等方面一专多能的著名豫剧表演家小香玉，扎根郊区平谷创办艺术学校，把上百名平谷娃带到全国各大电视台，让山里娃开阔视野展示风采。她常常以校为家，吃住在校，几次累倒；2015 年学校被授予北京市学生金帆艺术团承办校，实现了平谷艺术教育史上零的突破。

黄相锋：为地铁建设攻坚克难

黄相锋，1979 年生，中建八局轨道交通建设有限公司副总经理。解决了大体积混凝土施工温度裂缝控制等多个技术难题，负责的万寿寺站是全国首座全都采用 PBA 工法施工的地下三层岛式车站，他创造的施工技术及风险控制，得到充分肯定。他还致力于推广 BIM 在城市轨道交通建设中的应用，对促进自主知识产权软件的产业化做出重要贡献。

王茂华：纪检硬汉无惧艰险　只为守护一帘清风

王茂华，1974 年生，延庆区纪律检查委员会第一纪检监察室主任。2012 年开始投身纪检监察工作，曾在术后三天瞒着家人投入案件审查。他将自身安危置之度外，查处了涉案金额高达 2400 余万元的“乡匪村霸”；还曾从一桩违纪小案件挖出了处级领导贪腐要案。几年来，参与审查各类违纪违法大案要案 70 余件，为国家挽回经济损失上千万元。

钱素云：危重患儿的生命曙光

钱素云，1962 年生，北京儿童医院重症医学科主任。不放弃每一个危重患儿，她让接诊时浑身插满管子的小女孩重获新生，她为住进 PICU 却无钱医治的农村患儿申请救助基金；面对情绪激动大闹医院的家长，她耐心讲解，并最终挽救了脑瘤患儿的生命。作为国家儿科重症医学专家，她制定标准填补空白培养新人，参与全国各地突发公共卫生事件的危重患儿救治，从未缺席。

宋学文：投送 22 万件包裹零误差的快递小哥

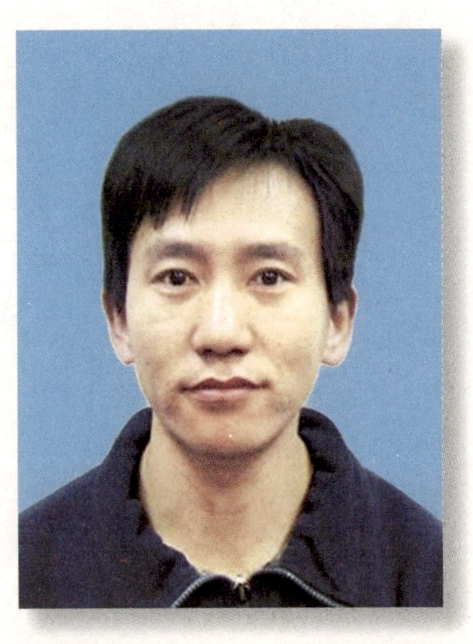

北京榜样 2017

宋学文，1982 年生，北京京东世纪信息技术有限公司快递员。投送 22 万件包裹零误差，总里程绕地球 8 圈之多；2017 年获得首都及全国五一劳动奖章。他恪守客户至上原则，总结出上下午派送的不同规律，还会自行判断轻重缓急，将紧要的优先派送。他曾在两千多包裹中翻出客户要在半小时拿到的急件冒雨送出，回来时全身湿透。

庞涛：医治疑难杂症的“检察好声音”

庞涛，1981 年生，北京市人民检察院第一分院检察官。严谨对待每一桩疑案，让诸多当事人感受法律公正绝处逢生。其中一起典当合同纠纷案专业性极强又有法律空白，他不畏艰难找准穴位，为当事人挽回百万元。该案例入选全国民事检察十大精品案例。他还热心普法，参与制作北京电台广播节目五十多期，是名副其实的“检察好声音”。

屠鹏飞：造福百姓的“肉苁蓉之父”

北京
榜样
2017

屠鹏飞，1963年生，北京大学药学院天然药物学系主任。自1990年起二十多次深入沙漠地区调研吃住在沙漠，首次发现肉苁蓉具有抗老年痴呆作用，将其研制成新药收入《中国药典》。2012年他获得政府项目支持免费发放种子，每年六七次亲临新疆指导培训精准扶贫；对内蒙古、新疆的生态、社会、经济发展贡献巨大，被业界誉为“肉苁蓉之父”。

苏晋达：百姓利益在心　成功拆除违建

苏晋达，1987 年生，海淀区城市管理综合行政执法监察局马连洼执法监察队副队长。不畏繁杂不惧恐吓，依法拆除了安全隐患多、群众意见大的 9.3 万平方米违建，做到了“干成事、不出事”。面对肖家河村出了名的“钉子户”，苦口婆心据理说法，但了解到“违建”是这家人的安身立命之所，便为他们争取到了原址附近的临时住处。“钉子户”终于配合拆违了。

韩笑：面向国际舞台的金牌讲解员

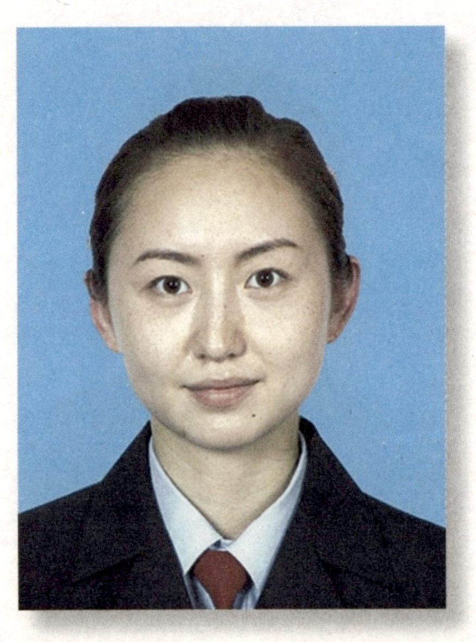

北京榜样
2017

韩笑，1986年生，北京市颐和园管理处讲解员。入职后很快攻克中英双语讲解关，9年来圆满完成外事任务720余次、接待四海宾客8000余人。2014年为接待APEC会议9位经济体领导人配偶游园活动，进行了120天的备战；为接待2017年“一带一路”高峰论坛贵宾，制定6套讲解词，演练20余次后出色登场，次次引发高度共鸣。

彭运动："世界首座"创业内奇迹 中国技术在全球开花

彭运动，1969年生，中国交通建设股份有限公司教授级高工。2009年，设计的坝陵河大桥成为"世界首座"在山区峡谷地带安装的超千米跨径钢桁架悬索桥，受桥梁界瞩目；2015年"世界最大跨径的山区峡谷悬索桥"仅用29个月建成，堪称业内奇迹。目前承担着百余个国际项目的经营开发和集团绝大部分海外大桥工程的实施；力争让"中国技术"成为"世界标准"是他的目标。

李光武：用神奇材料为祖国赢得尊敬

北京榜样
2017

李光武，1961 年生，弘大科技（北京）股份公司董事长兼总经理。立志用技术让中国赢得尊敬，在全球最具潜力十大新材料中已成功突破三项。无论航天飞机还是战斗机都使用气凝胶用于隐形和防护，之前对于气凝胶的研究主要集中在美、德、法、日等国。他率队历时近五年研发出“气凝胶低成本产业化工艺技术和成套生产线项目”，且实现全过程国产化。该成果突破了国外专利封锁，同时批量产出的“神奇材料”气凝胶技术指标远超美国，处于世界领先地位。

王金辉：巡诊无惧山高路险　送医只为百姓安康

王金辉，1974 年生，房山区大安山乡卫生院院长。大安山乡逾千米山峰超十座，老人出山看病难。王金辉上任后毅然决定：建立巡诊队送医送药进山！至 2016 年底，3 年间巡诊队行程达 21800 公里，包括狭窄崎岖旁有山涧的大北岭和仅有 4 人的敬老院；服务群众 2 万多人次，管理慢性疾病、精神障碍等患者 1559 人，实现全乡万余人百分百建档。

刘忠军：开拓脊柱外科 3D 打印主刀世界首例造福病患

刘忠军，1958 年生，北京大学第三医院骨科主任。是世界首位将自行设计和研制的 3D 打印钛金属人工椎体应用于脊柱外科手术并获得成功的医学专家。他主刀完成世界首例 3D 打印人工枢椎置换术治疗颈椎肿瘤、世界首例 5 节段胸腰椎肿瘤整块切除及 19 厘米大跨度 3D 打印人工椎体置换术，使我国在该领域处于国际领先地位。

柏群：痴心传承宫廷技艺　大师续写国粹传奇

柏群，1974 年生，北京燕京八绝艺术馆馆长。作为燕京八绝金漆镶嵌宫廷技艺的传人，把濒临破产的北京金漆镶嵌厂打造成中国漆器的龙头企业。2010 年经他提议建成的“北京燕京八绝艺术馆”，已成为展示宫廷文化及皇家艺术的窗口。他率大师团队修复故宫漆器、参与非遗展筹备、推动恢复北京宫廷“当代造办处”，续写国粹传奇。

石嫣："80后"海归"新农人"让数千人分享收获

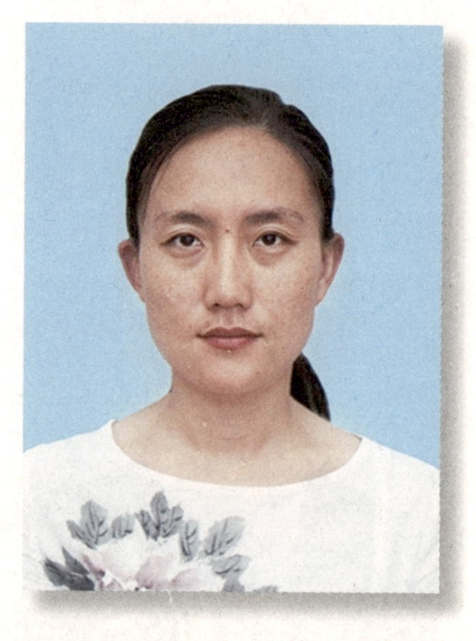

北京榜样 2017

石嫣，1982年生，"分享收获"农场创始人。被称为"新农人"，2009年将欧美流行的社区支持农业模式引入北京郊区农场，让农民与消费者共同承担农产品生产的风险并分享收获，找到了解决食品安全不信任问题的新路径。她创办的农场，至今已服务北京千余户会员，在京内外建多个合作基地。2017年被评为"全国农村青年致富带头人标兵"。

程刚：填补新药市场空白　为患者带来福音

程刚，1982年生，北京康立生医药技术有限公司董事长。为提高药品质量，率团队成功地为国家研制出多种药品杂质标准品，并将之推广到美国食品和药物管理局和英国皇家实验室。七年来，研发出一系列创新药，其中包括治疗糖尿病、肾病、类风湿性关节炎及抗肿瘤的新药，几乎无瘾的戒毒药，治疗血癌和淋巴癌的CAR-T细胞疗法等，为百姓健康带来福音。

沈腾：律师屡破疑难热点　多元化促法制建设

沈腾，1970年生，北京市帅和律师事务所主任。代理了诸多疑难热点案件。在10岁女童上书最高院案中，他的辩护意见使已复核死刑的案件收回重判，为全国首例。他提升中国律师地位被聘为东亚地区特别顾问，促进两岸司法实践与实务交流获国家级奖项。

张涛：管理创新出效益　预防泄漏破难关

张涛，1973 年生，北京市燃气集团有限责任公司企业安全部经理。2011 年主抓安全生产后，推行网格无差别运行模式等管理创新，一年后主动发现漏气的及时率提高了 23%，创立并保持了三年施工破坏事故零发生的记录。在十九大前的安全大检查中，他破解了燃气管道泄漏预防性发现的难关，这项技术性突破已成为管网检测的核心工作方式。

吴疆：航空特情处置专家 空中安全坚强后盾

北京榜样
2017

吴疆，1977 年生，民航华北空管局空管中心区管一室副主任。奥运会开幕式前和国庆阅兵式后的空中调度都是吴疆坐镇指挥。无论是旅客空中突发疾病需要直飞降落还是航空器故障；甚至在频率里充满了申请的声音、助理管制员已经慌乱的情况下，他每每能有条不紊地逐个应对引导飞机安全落地；被称为“特情处置专家”。

张斌：痴情地铁高端隔振　放弃官禄一心科研

张斌，1963 年生，北京市劳动保护科学研究所研究员。率团队实现了拥有自主知识产权的多项创新，填补了我国自主研发轨道交通浮置道床隔振技术和产业、工程服务的空白；产品打破了国外垄断迫使其价格下降了近一半，大大降低了地铁建设中用于环境保护的投资。为更深入解决城市噪声环境问题，他放弃董事长职位重回科研岗位。

李新宇：植物治霾出成果　宜居之都靠生态

李新宇，1979年生，北京市园林科学研究院园林生态研究所副所长。率团队承担了《园林植物治理雾霾》的研究任务，在国际上率先提出计算园林植物滞留细颗粒物PM2.5质量的方法，针对北京地区提出六种建植模式，编制《消减PM2.5型道路绿带种植设计指南》。目前该成果已应用，为北京城市副中心道路绿地的营建提供了专项技术支撑。

提名奖［孝老爱亲］

薛国峰：陪父抗癌以身试药　孝心男儿病房读书

马秋荣：家里家外全职能　饱蘸仁爱写人生

崔占霞：艰难人生乐观面对　好儿媳撑起多舛之家

霍淑凤：智障大伯哥眼里的好“妈妈”

薛国峰：陪父抗癌以身试药　孝心男儿病房读书

北京榜样
2017

薛国峰，1983 年生，清华大学公管学院在读研究生。父亲罹患癌症，他八方求医甚至为父以身试药。心疼母亲身体不好，他坚持陪父亲住院两次放弃了成为公务员的机会，在病房写下 3.5 万字的论文初稿。治疗花光了所有积蓄，为给父亲筹款，从未接触过农产品的他从头学习做起销售，还将爱心捐赠一笔笔记下，承诺穷一生之力偿还。

马秋荣：家里家外全职能　饱蘸仁爱写人生

马秋荣，1975 年生，延庆区地方税务局干部。在工作中，马秋荣兢兢业业，单位以她为榜样推出了“马大姐志愿服务队”；在家中，公公病重她整夜护理，婆婆牙不好她耐心做饭，坚持多年未有埋怨。

崔占霞：艰难人生乐观面对
好儿媳撑起多舛之家

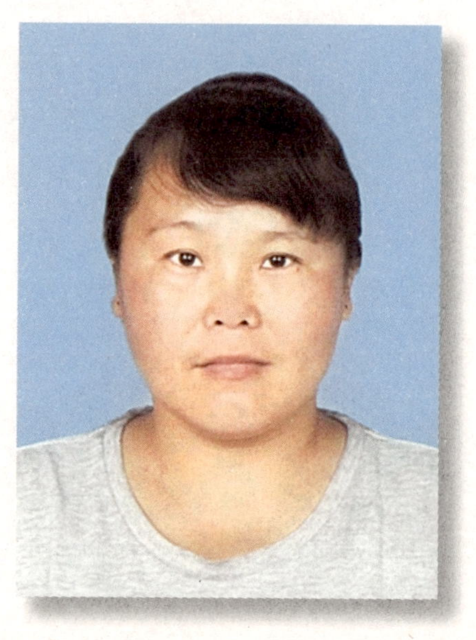

崔占霞，1978年生，北京市延庆区儒林街道居民。结婚10年后，婆婆公公和丈夫先后瘫痪在床全凭她照料。婆婆吞咽困难，她把杂粮打碎、蔬菜榨汁，一口口地喂食，并两小时为她翻一次身；公公爱吃炸酱面，香菇的、牛肉的她换样做；丈夫身高一米八，瘦小的她将丈夫扶上轮椅再扶他蹒跚学步。艰难人生已近10年，她从未怨天尤人。

霍淑凤：智障大伯哥眼里的好“妈妈”

霍淑凤，1957 年生，白纸坊街道菜园街社区居民。霍淑凤的公公去世前将智障大伯哥托付于她，12 年间，她信守承诺从洗脸刷牙穿衣吃饭教起，亲切地称大伯哥为“老佛爷”。现在大伯哥成了首都学雷锋志愿者，每天都到小区义务清理垃圾非常开心。霍淑凤大爱无疆，已献血 26 年，帮助空巢老人 20 年，还做出身后捐献眼角膜和遗体的重大决定。

提名奖［热心公益］

聂一菁：公益路上传递温暖　环保大使身体力行

张岩雄：给他人一个希望

王燕妮：20万老人的MBA保姆

于志泉：爱心战胜癌症　奉献铸就生命

王忠平：做企业志愿服务的“孵化器”

于安安：为人生最后一程护航

刘海鹰：累弯我的腰　为了你的脊梁

高义之：19年6倍“长征路”　坚守社区巡逻岗

程　浩：“90后”热衷公益　率团队社区扶老

安淑静：领养6名战争遗孤　最可爱的抗战老兵

何绍森：“90后”公益先锋　以朝阳映照夕阳

韩双喜：清理城市“牛皮癣”　新北苑有“48只眼”

聂一菁：公益路上传递温暖　环保大使身体力行

聂一菁，1978 年生，北京电视台新闻节目中心主播。入职 16 年来义务主持各类公益活动数百场。她为贫困地区妇女儿童、视障、白血病儿等筹款，助力乡村旅游，与村民结下深厚情谊。2013 年担任北京市首任环保公益大使以来，参与了诸多环保活动、拍摄多个公益广告。2016 年她提出的针对雾霾主动发声、科学发声等建议被市政府采纳。

张岩雄：给他人一个希望

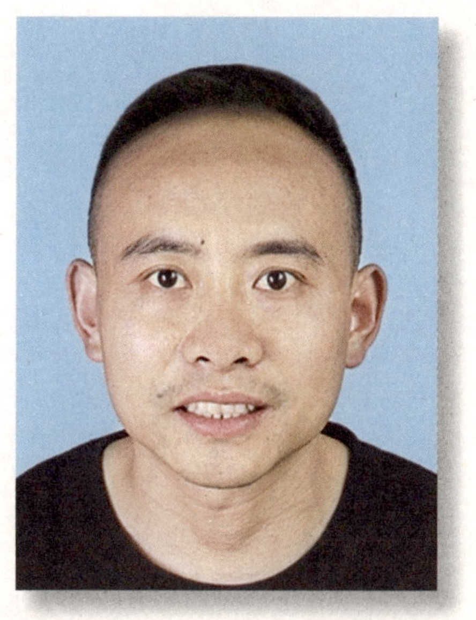

北京
榜样
2017

张岩雄，1976 年生，北京一品茗逸茶业有限公司董事长。事业有成后不忘感恩，每年他都到福建寿宁老家福利院和农村看望老人孩子，送钱送物，累计受益者过千人次。他还在北京默默照顾一位孤寡老人 10 年。两年前他与志愿者成立了“兄弟帮扶中心”，为山区的贫困户送去温暖。近年来他资助 2 名大学生和 3 名小学生，助他们完成学业。

王燕妮：20 万老人的 MBA 保姆

王燕妮，1978 年生，青松康复护理集团总裁。立志要为老人服务的王燕妮，放弃外企高薪和诸多光环，在 2009 年 9 月创办了“青松老年看护服务公司”。她请来有相关教育背景和临床经验的专业人员，为失能半失能、病后术后老人提供康复性护理。如今“青松”公司已发展为集团，在北京、上海每天上门护理 20 多万名失能老人，让老人享有服务与尊严。

于志泉：爱心战胜癌症　奉献铸就生命

于志泉，1961年生，北京市大型物资运输公司（病退）职工。“首都十大的士英雄”于志泉在2010年癌症康复后成立了“希望之光”志愿者服务队。他们先后帮助11名白血病患儿圆梦；与17名空巢老人建立了帮扶联系点；在4所敬老院建立了志愿者服务基地；帮助24名外地残疾朋友实现了到北京观光的心愿；以书信方式给予36名服刑人员改造信心。

王忠平：做企业志愿服务的“孵化器”

王忠平，1981 年生，和众泽益志愿服务中心主任。2001 年开始关注志愿服务事业，2010 年正式创立了和众泽益志愿服务中心，定位为专业从事志愿服务培训、咨询和研究的机构。2016 年发起成立中国民间志愿服务联盟，覆盖了半个中国，带动 500 余家志愿服务组织 30 余万名企业志愿者贡献了 200 多万志愿服务小时，服务弱势群体 100 余万人次。

于安安：为人生最后一程护航

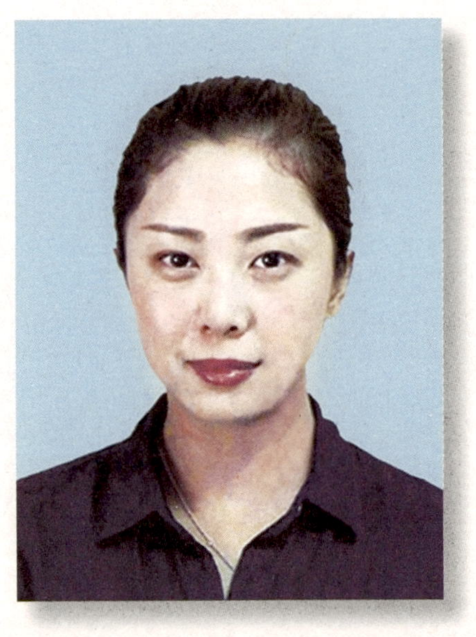

北京榜样
2017

于安安，1985 年生，北京市丰台区康助护养院院长。因做志愿者与临终关怀结不解之缘的于安安，于 2013 年辞职创办了护养院，帮助近百位临终患者有质量、有尊严地走完了人生最后一程。2015 年底她又创办了康助老年健康基金会，支持丰台区两千多名困境老人进行癌症筛查、治疗等项目，还开展了向 2016 北京榜样范涛学习“生前预嘱”的普及活动。

刘海鹰：累弯我的腰　为了你的脊梁

刘海鹰，1964 年生，北京大学人民医院脊柱外科主任。2001 年留德归来的刘海鹰组建了我国最早的脊柱外科团队，几十年来完成超过一万例的脊柱外科手术。他还成立了“北京海鹰脊柱健康公益基金会”，赴贫困地区义诊超五千例、75 位重症患者术后康复。做过三次大手术的他，每天靠吃三种降压药戴着颈托、护腰站立十几个小时坚持工作。

高义之：19 年 6 倍“长征路” 坚守社区巡逻岗

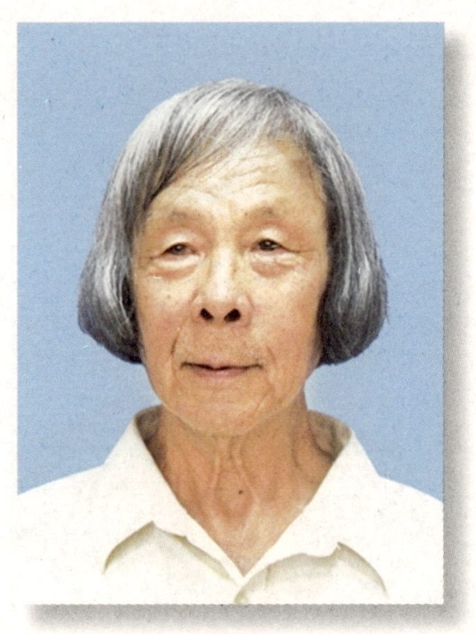

北京榜样
2017

高义之，1941 年生，朝阳区劲松街道磨北社区居民。1998 年高义之退休成为社区志愿巡逻员。他白天巡逻，凌晨两三点再出来巡逻，连家里阳台都是瞭望塔，一天仅睡 5 小时。他每天至少绕着社区走 4 圈，19 年走完了 6 个“长征路”。面对盗窃、诈骗甚至持刀抢劫的歹徒，他毫无惧色奋勇上前。他的每一笔奖金都无偿捐给了贫困地区或爱心机构。

程浩:“90后”热衷公益　率团队社区扶老

程浩，1990年生，北京壹家人爱心联盟创办人。做公益10年的“90后”程浩，带领团队对社区老人、残疾人公益帮扶。为教老人使用电脑软件，他做课件常至夜深；志愿者不够的时候他甚至自掏腰包请授课老师。如今，他的志愿团队已发展至700多人。

安淑静：领养 6 名战争遗孤　最可爱的抗战老兵

北京榜样 2017

安淑静，1927 年生，国土资源部离休干部。抗战老兵安淑静是在朝鲜战场上牺牲的志愿军军长遗孀，她领养了 6 名战争遗孤组成特殊家庭，既为父又为母将他们培育成人。如今，孩子们长大成材各有建树，包括成为航母设计师和卫星发射基地的佼佼者。

何绍森："90后"公益先锋　以朝阳映照夕阳

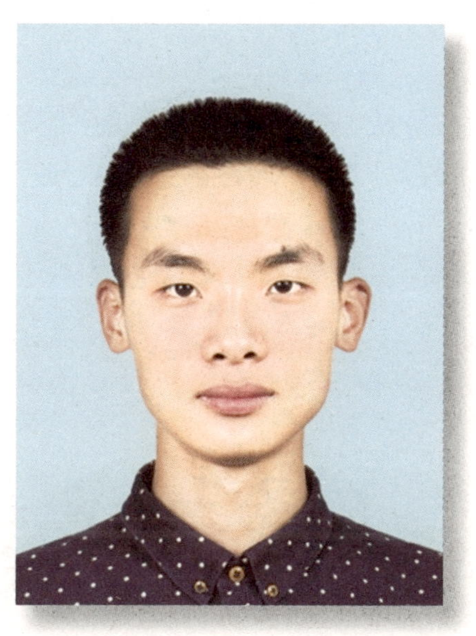

何绍森，1993年生，中国地质大学研究生（在读）。2014年，何绍森带领193名志愿者为29个残障儿童家庭提供了长达4623小时的志愿服务。他发起"高校正能量联盟"，组织成立了海淀区文明志愿者协会，每周带动千余名志愿者在58个社区开展科技助老服务；作为"夕阳再晨"公益品牌的联合发起人，搭建起覆盖16个城市25万老人的服务平台。

韩双喜：清理城市“牛皮癣” 新北苑有“48只眼”

北京榜样
2017

韩双喜，1951年生，通州区北苑街道新北苑社区居民。韩双喜任队长的“48只眼环卫先锋班”由24名党员组成，这支公益队伍每周定时清理小广告，并刷白楼道墙体清洁整理。先锋班还纠正乱扔废弃物、候车不排队等各种不文明行为。如今他们成立了工作室，共收集小广告超万张，清理粉刷楼门53个；被居民称为“小广告克星”。

后 记

《平凡中的力量——北京榜样主题活动五周年人物风采录》是“北京榜样”大型主题活动开展五年来的集中成果展示，为响应《中共北京市委关于开展向“北京榜样”优秀群体学习活动的决定》精神，由人民出版社出版发行。在丛书编辑过程中，我们成立了编委会，统一协调各项工作。为了使本书顺利出版，中共北京市委宣传部、首都精神文明建设委员会办公室、各区县精神文明建设委员会办公室等有关单位给予了大力支持；李恒、夏青、杜维伟、张程、孙旭同志对编辑撰写提供了宝贵的意见；北京艺品联盟文化传媒有限公司做了大量的联络协调工作；人民出版社的领导及其有关同志在编辑出版过程中花费了很大精力；热心公益事业的福建永定籍书法家游鸿增同志为本书题写了书名。在此，对所有参加此项工作并付出劳动的单位和同志们、朋友们致以由衷的敬意和深深的感谢。

由于我们水平有限，书中难免出现疏漏和错误，望请大家不吝指正。

本书编委会

2019 年 3 月